불교인문주의자의

성철읽기

불교인문주의자의 성철읽기

2019년 11월 1일 초판 1쇄 발행

지은이 일지
발행인 김미숙
편집인 김성동
펴낸곳 도서출판 어의운하
주소 경기도 파주시 월롱면 누현길 94-2 티메카이동 102호
전화 070-4410-8050
팩시밀리 0303-3444-8050

페이스북 https://www.facebook.com/you-think
블러그 https://blog.naver.com/you-think
이메일 you-think@naver.com
출판등록 제406-2018-000137

ISBN 979-11-965609-4-2 03220

불교인문주의자의

성철읽기

일지一指 지음

어의운하

머리말

불교는 발상지 인도로부터 아시아의 여러 지역에 평화롭게 전파되어 해탈의 교리와 윤리, 학문과 예술을 부흥시켰다.

우리 민족은 불교의 가르침에 의해서 비로소 바르게 사는 인생의 지혜와 무한한 생명존중의 자비를 깨닫고 불교의 학문과 예술을 우리 문화의 중심축으로 발전시켜 왔던 것이다. 따라서 불교는 이제 우리 민족의 정신세계와 하나가 된 민족의 종교이며, 철학이며, 문화라고 할 수 있다.

이 책의 주인공으로 등장하는 성철 스님은 일생동안 불교의 가르침을 성실하게 탐구하며 몸소 실천함으로써 우리 시대에서 가장 빛나는 불교의 금자탑을 쌓아 올리신 분이다. 어쩌면 우리는 원효·의상·원광·지눌·서산 스님과 같이 위대한 수도자들의 반열에 오를 스님을 우리 시대에 만나뵐 수 있는 큰 기쁨을 누렸던 것인지도 모른다. 그만큼 성철 스님의 가르침은 날이 갈수록 우리에게 큰 비중으로 다가온다.

성철 스님의 일생은 삶 그 자체가 불교 수도자들에게는 하나의 커다란 모범이 되고 있다. 필자 또한 10대 후반에서 20대 중반까지 해인사에 머물면서 성철 스님의 가르침을 받았다. 아직 철부지에 불과하던 우리에게 매섭게, 때로는 다정하게 가르침을 베푸시던 스님을 잊을 수가 없다. 뿐만 아니라 진리를 위해서는 개인적인 이익을 버리고 일체를 희생해서라도 부처님의 가르침을 구해야 한다는 진지하고도 철저한 구도정신과 자비의 실천으로 이 시대의 중생들에게 큰 감동을 주었다. 특히 "스스로의 마음을 깨닫고 이웃을 위해 봉사하라"는 스님의 가르침은 간단해 보이면서도 실천하기는 어려운 일이다.

이 책은 후학의 눈으로 돌이켜보면서 스님은 어떤 모습으로 살아가셨으며, 그 힘든 고행과 실천을 통해서 무엇을 구하셨는지를 살피기 위한 작은 시도이다. 그 결과 성철 큰스님은 스스로 가진

비범한 자질과 굳은 의지를 모두 불교의 탐구에 바침으로써 동시대의 누구도 흉내낼 수 없는 수행을 완성하셨으며, 그 깊은 수행에서 우러나오는 지혜와 자비는 많은 중생들에게 인생의 지침으로 뿌리내렸다는 것을 알 수 있다. 그리고 그 분의 존재 자체가 험난한 근대화의 격랑 속에서 표류해 온 현대 한국불교의 발전과 안정에 크게 공헌했다는 사실 자체도 인정하지 않을 수 없다.

이 책을 읽으시는 독자 여러분은 성철 스님의 생애를 통해서 스스로의 굳은 의지와 실천이 얼마나 중요한지 알 수 있을 것이라고 생각한다. 게으른 몸과 정신으로는 세상의 어둠을 밝히는 횃불이 될 수 없다는 것을 우리는 스님의 생애를 통해서 배우고자 하는 것이다. 스님께서 도달하신 그 깊은 불도의 경지는 그 다음의 문제이다. 우리는 먼저 스님의 일생을 통해서 남겨진 교훈을 배워야 할 것이다.

1996년 6월 일지一指

차례

묵곡리에서 태어난 아이

1912년. 굴욕적인 한일강제병합으로 일본에 나라를 빼앗기고 2년이 지났건만 구름 위에 우뚝 솟은 지리산의 높은 봉우리에는 항상 신비한 기운이 서려 있었다. 그해 음력 2월 19일, 높고 푸르른 산봉우리들이 꼬리에 꼬리를 잇듯 이어진 지리산의 양지바른 자락에 자리 잡은 경남 산청군 단성면 묵곡리에서 한 아이가 태어났다.

묵곡리 앞으로는 진주 남강으로 흘러드는 경호강이 푸르고 맑았으며, 마을을 부유하게 만드는 넓은 들판이 펼쳐져 있었다. 마을 한켠으로는 밤나무와 대나무 숲이 우거져 있어서 마을을 더욱 부유하게 만들었다. 멀리 바라보이는 지리산의 웅장한 봉우리와 마을 앞 경호강과 넓은 들판이 모두 하얀 눈에 덮인 날, 우렁찬 울음소리와 함께 한 아이가 태어났다. 이 아기의 어머니는 강상봉, 아버지는 이상언이었다.

어머니 강상봉은 생각이 매우 깊어 어려운 처지의 이웃들을 표나지 않게 돕는 자비로운 마음을 가진 여인이었다. 많은 논밭을 가진 부농이었던 아버지 이상언은 고집이 세었지만 옳지 못한 일을 보면 뜻을 굽힐 줄 모르는 당당한 인물이었다. 그리고 학문에도 조예가 깊어서 그의 집에는 항상 선비들의 발길이 끊이지 않았다.

이상언은 첫 아들을 얻은 기쁨에 겨워 말했다.

"허, 이놈 보게. 머리통이 큼직한 데다 얼굴은 호랑이 상이로구나. 우리 가문의 대를 이을 만한 대장부로다. 이제 이름을 지어 줘야겠구나."

이상언은 이 아기에게 영웅 '영英'자와 기둥 '주柱'자를 써서 이영주라는 이름을 지어주었다. '영주'라는 이름은 훌륭하게 자라서 불어 닥친 폭풍우 속에 촛불과 같은 이 나라의 어려운 처지를 이기고 나라의 기둥이 되어 달라는 아버지의 소망이 담겨 있었다.

영주는 부모님의 따뜻한 사랑 속에서 무럭무럭 자랐다. 영주는 빨간 사과처럼 볼이 토실토실하고 눈이 유난히 맑고 부리부리한 아이였다. 그래서 어머니 강씨 부인은 자라나는 영주의 맑고 큰 눈을 바라볼 때마다 "어쩌면 이렇게 눈이 크고 부리부리할까?"라고 말하며 영주를 사랑스럽게 껴안아 주었다.

어린 영주는 어머니가 들려주는 옛날이야기를 몹시 좋아했다. 선녀와 나무꾼, 콩쥐팥쥐 등의 이야기는 듣자마자 다 외워서 그대로 어머니에게 다시 들려주는 것이었다. 그래서 어머니가 오히려 영주가 들려주는 옛날이야기를 즐겨 듣게 되었다. 뿐만 아니라 옛날의 왕들과 충신, 장군, 훌륭한 스님들과 학자들의 이야기를 어머니로부터 들었다. 그리고 이야기를 듣고 난 뒤에는 '왜?'라는 질문을 어머니에게 끊임없이 던졌다. 어머니는 그런 영주의 물음에 얼굴 가득 미소를 지으며 차근차근 대답해 주었다.

새들의 마음을 알고 싶은 신동

영주가 다섯 살이 되자 아버지는 『천자문』과 한글
을 가르쳤다. 영주의 기억력과 침착함은 어른들
이 놀랄 만큼 뛰어나서 아버지의 기쁨은 더욱 컸
다. 석 달 만에 『천자문』을 다 뗀 영주는 동네 서당
에 다니며 옛날 우리나라 어린이들이 본격적인 공
부를 하기 전에 익히는 『소학』과 『명심보감』을 배
웠다. 아버지는 영주가 더욱 공부에 재미를 붙이도
록 하기 위해 한 가지 꾀를 생각해 냈다. 두꺼운 종
이를 접어서 큰 봉투를 만든 다음, 그 위에 세모꼴
로 접혀지는 작은 접기 모양을 열 개 만들었다. 그

리고 영주가 『소학』 한 구절을 외울 때마다 하나씩 접개 해서 열 개가 되면 상으로 곶감과 사탕을 주기로 했다. 그러나 영주는 공부를 열심히 하면서도 그 세모 접기는 한 번도 하지 않았다. 이상하게 생각한 아버지는 영주에게 물었다.

"왜 세모 접기를 한 번도 하지 않는 것이냐. 글을 외우지 못했느냐?"

아버지의 질문을 받은 영주는 부리부리한 눈으로 아버지를 바라보며 말했다.

"아닙니다. 공부는 사람의 도리를 알기 위해서 제 스스로 하는 것입니다. 옛 성현께서 말씀하시기를 '배운 것을 틈틈이 되풀이해 익히는 것은 매우 기쁜 일이다. 군자는 남이 알아주지 않더라도 걱정하기 않는다'고 하였습니다. 저는 성현의 말씀을 따라서 공부를 할 뿐 곶감과 사탕을 받기 위해서 공부를 하지는 않습니다."

어린애답지 않는 영주의 말을 듣고 난 이상언은 아들이 대견스러운 한편 은근히 걱정이 앞섰다. 지금까지 여섯 살 개구쟁이로만 알았던 아들의 입에서 나온 이야기는 정작 깊은 학문을 쌓은 선비의 입에서나 나올 법한 말이었기 때문이다.

15

그날 저녁 이상언은 부인에게 낮에 있었던 일을 이야기했다.

"여보. 저 아이의 총명함과 의젓함은 어른이라도 당해내지 못할 것 같소. 여느 아이들은 곶감과 사탕을 준다면 좋아서 뛰는데 영주는 사탕에는 관심이 없고 성현의 말씀만을 곧이곧대로 따르려 하는구려. 어디서 저렇게 어른스러운 아이가 태어났을꼬? 저 지나친 총명함과 의젓함이 혹시 저 아이의 인생에 장애가 되지는 않을는지."

남편의 걱정 섞인 탄식을 듣던 강씨 부인은 문득 영주를 낳기 전에 꾸었던 태몽을 떠올렸다. 오색 찬란한 무지개가 하늘 저쪽에서 이쪽까지 다리처럼 걸쳐져 있는 꿈을 꾸면서 강씨 부인의 마음이 몹시 편안하고 기운이 솟구쳤던 일이 생각났다. 그러나 오늘밤 남편의 이야기를 들은 강씨 부인은 오히려 그 태몽이 걱정스러웠다.

당시 우리나라의 현실은 어둡고 희망이 없었다. 일본이 우리나라를 강제로 병합하여 식민지로 만들어 버리고 귀중한 물자와 인력을 빼앗아 가고 있었다.

일본의 이와같은 수탈에 맞서서 의식 있고 기

개 높은 수많은 조선의 청년들은 모든 것을 내던지고 일본 제국주의와 싸우기 위해서 중국으로, 미국으로, 유럽으로 떠돌아다니며 독립운동에 나서던 시절이었다. 일본은 그런 우리의 독립운동가들을 무자비하게 탄압하고 처형했다.

강씨 부인은 그처럼 혼란스러운 시절에 유달리 의젓하고 총명한 아들의 장래가 염려스러웠던 것이다. 이런 부모의 염려에도 불구하고 '공부는 사람의 도리를 알기 위해서 스스로 하는 것'이라는 소년 영주의 독립적인 탐구 정신은 훗날 더욱 치열하게 타올랐다. 이는 불가의 덕망 높은 큰스님으로서 우리나라 불교계의 최고 지도자가 되어 국민의 정신적 스승으로 자리할 때에도 변함이 없었다.

묵곡리의 대자연은 봄·여름·가을·겨울 사계절 어느 때나 아이들에게 좋은 놀이터였다. 묵곡리의 아이들은 따가운 햇볕이 들판의 곡식을 단단하게 영글게 하는 한여름이면 소를 끌고 경호강으로 멱을 감으러 가곤 했다. 발가벗은 아이들은 물속으로 풍덩풍덩 몸을 던지며 한여름의 더위를 잊었다.

어느 날 영주는 친구들과 함께 경호강으로 멱

을 감으러 갔다. 더위를 잊은 채 한참 시원스럽게 물장난을 치고 난 아이들은 물고기를 잡느라고 야단이었다. 물에서 잡혀 온 물고기는 아가미를 벌름거리며 몹시 괴로워하다가 이내 죽고 말았다. 영주는 죽어가는 물고기의 눈을 유심히 쳐다보며 생각에 잠겼다.

'아! 저 물고기는 조금 전까지 강물 속에서 마음껏 헤엄치며 자유롭게 살았다. 그런데 이렇게 금방 죽어 버리다니. 사람도 언젠가는 죽겠지? 사람은 어떻게 죽는 것일까? 살아있다는 것은 무엇일까? 죽는다는 것은 무엇일까?'

한참 동안 깊은 생각에 빠져 있을 때 고기잡이에 싫증이 난 아이들이 외치는 소리가 들려왔다.

"영주야, 집에 가자."

하지만 소년 영주는 집에 가고 싶지 않았다.

"아냐. 나는 좀 있다 갈래. 너희들 먼저 가."

"쟨 좀 이상한 구석이 있다니까."

"아냐. 그냥 놔도. 쟤는 꼭 괴상한 소리만 하면서 혼자 노는 애라니까."

아이들이 투덜거리면서 물에 젖은 머리를 흔들며 마을로 돌아간 뒤 영주는 혼자 강가에 앉아 있었다. 그때 무성한 갈대밭에서 한 마리의 백로가 푸드득 소리를 내며 날아올랐다. 영주는 고개를 들어 날아가는 백로를 바라보았다.

'저 새에게도 사람과 같이 생각하는 마음이 있을까? 모든 생명은 살아 있는 한 어떤 생각을 하는 게 틀림없어. 그렇다면 저 새는 무슨 생각을 하고 있는 것일까? 나는 언젠가 어른이 되면 저 새들이 무슨 생각을 하는지, 사람이 살아 있다는 것은 무엇인지, 죽는다는 것은 무엇인지를 알 수 있는 공부를 하리라.'

어느새 해가 뉘엿뉘엿 지고 있었다. 어디선가 "영주야, 영주야!"하고 부르는 어머니의 목소리가 들려왔다. 어머니는 멱을 감으러 간 아이들이 다 돌아왔는데도 영주가 돌아오지 않자 아들을 찾아서 강가로 나온 것이었다.

"아니, 영주야. 왜 그렇게 멍하니 앉아있는 거냐. 다른 아이들은 아까 다 돌아왔는데."

영주는 조용한 목소리로 말했다.

"예, 어머니. 그냥 앉아 있었어요."

"참 별일이구나. 그냥 앉아 있었다니. 어서 집으로 가자."

어머니와 아들은 손을 잡고 붉은 석양 노을 속을 걸었다. 침묵 속에 걷고 있던 영주가 입을 열었다.

"어머니, 사람도 물고기처럼 죽나요? 그리고 새들도 사람처럼 생각하는 마음이 있을까요?"

"그럼. 사람도 늙거나 병이 깊으면 죽는단다. 그리고 새들도 다 생각하는 마음이 있단다. 아빠새도, 엄마새도, 새끼새도 다 생각하는 마음이 있지."

"그러면 새들은 무슨 생각을 해요? 사람이 죽으면 어떻게 되죠?"

어머니는 아들의 물음이 이상하리 만큼 슬프게 느껴졌다.

"음, 새들은 하늘을 나는 일에 대해서만 생각하며 산단다. 새들은 멀리 날아다니며 살거든."

"그러면 사람이 물고기처럼 죽으면 어떻게 되죠?"

"사람뿐만 아니라 모든 생명있는 것은 언젠가는 다 죽는단다. 그렇지만 착한 일을 많이 한 사람은 죽어서도 복락을 누리고 그 마음은 영원히 살아있게 된단다."

"영원히 살아있는 마음이란 무엇이에요?"

"영주야. 그건 다음에 네가 크면 다 알게 된단

다. 왜 그런 엉뚱한 생각을 하느냐?"

어머니는 아들의 손을 잡고 어둠이 깔리기 시작하는 소롯길을 걸으며 '이 아이는 언젠가 집을 멀리 떠나서 자신이 추구하는 일에만 전념하리라'는 예감이 들었다. 그것은 아들의 운명에 대한 어머니만의 예감이었다. 어머니 강씨는 아이가 이상한 생각을 계속하지 않도록 하기 위해서는 학교에 보내야겠다고 생각했다.

이제 갓 여덟 살이 된 영주가 학교에 가서 또래의 아이들과 어울려 뛰놀고 새로운 공부를 하게 되면 그런 엉뚱한 생각은 하지 않으리라는 어머니의 생각이었다.

두 세계

영주는 묵곡리 앞 들판을 가로질러 흐르는 경호강 건너편 성내리에 있는 단성보통학교에 입학했다. 그 당시 많은 어린이들은 어려운 가정 형편으로 학교에 다니지 못하고 서당에서 이삼 년 공부한 뒤 가사를 돕는 것이 보통이었다. 그래서 영주와 같은 반 학생들 중에는 12세, 16세, 17세나 된 나이 많은 학생들이 많았다.

여덟 살난 영주는 그 중 가장 어린 학생이었다. 그러나 공부만큼은 항상 일등이어서 나이 많은 학생들도 숨을 죽일 정도였다. 심술궂은 아이들도 왠지 영주의 의젓함 앞에서는 기가 죽어 심술을 부리지 못했다.

학교 공부를 시작한 영주는 그간의 의문들을 모두 잊은 듯 열심히 공부했다. 부모님들도 우수한 성적을 올리며 공부에 열중하는 아들을 대견스럽게 생각하고 자랑스러워했다.

영주는 아버지의 서재에서 책을 꺼내 읽는 것이 취미였다. 원래 한학에 조예가 깊은 아버지의 서재에는 오래된 한문 서적, 한글 서적, 일본 서적, 여러 가지 재미있는 사진이 실려 있는 잡지 등이 가득했다. 아버지는 아들이 자신의 책을 즐겨 읽는 것을 보고 말했다.

"영주, 저 아이는 커서 선생이 될 모양이야. 손에서 책이 떨어지지 않으니….."

아버지는 손에서 책을 떼어 놓지 않는 아들이 이미 어린아이가 아니라는 것을 느꼈다. 그리고 영주는 단순한 책벌레만이 아니라 침착하고 의젓한 자질과 배움에 대한 열정을 갖고 있었다.

아버지는 영주가 너무 책에만 묻혀 사는 것이 오히려 걱정스러웠다. 더욱이 영주는 이미 다섯 살 때 곶감과 사탕을 얻기 위해서 공부하는 것이 아니라 "성현의 말씀대로 따르고 사람의 도리를 배우기 위해서 공부한다"라고 거침없이 말했던 아이가 아닌가.

영주의 독서는 이미 어린아이의 수준을 넘어섰다. 영주는 서울과 일본에서 출간된 문학, 철학 서적을 내용도 모르면서 읽고 있었다. 내용보다도 책에 적힌 어려운 한자와 단어들의 신기한 매력에 사로잡혔다. 그래서 책에 적힌 어려운 한자와 단어들의 숨은 의미를 발견하고 알아내는 일이 무척 즐거웠다. 그리고 익숙해진 내용을 읽고 또 읽어 가노라면 그 글의 내용은 소년 영주의 가슴에 깊이 새겨지는 것이었다.

3학년 여름방학을 맞은 영주는 대청마루에 깔린 돗자리 위에 앉아 책을 읽고 있었다. 담장 밖의 밤나무에서는 매미 소리가 요란하게 들려오고, 간간이 소들이 '음메'하고 울어대는 소리가 마냥 정겨운 평화로운 여름날이었다. 아주 어렸을 때부터 함께 멱을 감으러 다니던 마을 친구들이 무리지어 영주를 찾아왔다.

"야, 영주야. 너는 맨날 무슨 책을 그렇게 읽니?

날씨가 이렇게 더운데 천렵하러 안 갈래?"

"난 책을 읽고 있으면 하나도 안 더워. 미안하지만 오늘은 너희들끼리 가라."

한 친구가 불만에 찬 목소리로 말했다.

"저 책벌레는 이제 우리하고 안 놀려나봐. 우리끼리 가자."

그물을 어깨에 멘 친구들은 퉁명스럽게 말하며 섭섭한 눈빛으로 영주가 읽고 있는 책을 흘겨본 뒤 경호강으로 향했다. 그리고 한두 시간이 지났을 때, 동네 어른들이 경호강가로 달려가고 있었다. 무슨 일인지 궁금해진 영주는 대문 밖으로 뛰어나가 동네 아줌마에게 물었다.

"무슨 일이에요? 왜 저렇게 강으로 뛰어가시는 거예요?"

"아이고, 영주야. 글쎄 상만이가 고기 잡다 돌소에 빠져 죽었다지 뭐냐. 이 일을 어쩌면 좋으냐?"

순간 영주는 세계로 둘이 나누어지는 것을 분명히 보았다. 그 두 세계는 삶과 죽음의 세계였다. 한 세계는 태양 아래서 밝게 빛나는 세계였으며, 다른 한 세계는 더 이상 돌아오지 못하는 어둠의 세계, 침묵의 세계였다. 아니 상만이가 빠져 죽었다는 돌소의 물결처럼 회색빛 물결이 칙칙하게 소용돌이치는 세계였다. 영주는 자신도 빙빙 돌면서 소용돌리치는 돌소의 회색 물결 속으로 빠져들고 있다고 생각했다.

경호강에는 큰 돌도 빙빙 돌면서 물속으로 빠지고 만다는 깊은 소용돌이가 있었다. 그래서 묵곡리 사람들은 그 깊이를 알 수 없는 소沼를 '돌소'라고 불렀다. 그곳에 친구 상만이가 빠져 죽은 것이다. 상만이는 까무잡잡한 얼굴에 유달리 우스갯소리도 잘하고 밤 따는 일에는 일가견이 있던 친구였다. 그런 상만이가 돌소에 빠져 죽다니. 그것도 한두 시간 전에 까무잡잡한 얼굴 때문에 더욱 희게 보이던 이빨을 드러내며 천렵을 가자고 조르던 상만이가.

영주는 힘없이 걸어서 상만이가 빠져 죽었다는 경호강의 돌소로 걸음을 옮겼다. 어른들은 속수무책인 양 상만이의 시체가 떠오르기만을 기다리고, 상만이 어머니는 몸부림치면서 넋두리를 늘어놓고 있었다.

"아이고, 이 자식아. 누가 너보고 고기 잡아오라고 했냐. 내가 전생에 무슨 죄가 많아서 자식을 물에 빠뜨려 죽이고 무슨 면목으로 살까."

상만이 아버지는 물가에 서서 넋 나간 표정으로 담배만 피워대고 있었다.

밤이 몰고 오는 어둠이 깔리기 시작하자 동네 어른들은 강가에 횃불을 밝히고 죽은 상만이가 떠오르기를 기다렸다. 영주도 집으로 돌아가기를 잊고 서 있었다. 하지만 상만이는 떠오르지 않았다. 밤새도록 강변에 서 있던 영주는 묵곡리 들판의 새벽 안개 속을 걸으며 생각했다.

'이제 상만이는 죽은 것이다. 삶과 죽음은 정말 아무런 차이도 없다. 죽음은 그렇게 순식간에 찾아오고 사람은 그 죽음 앞에서 아무런 저항도 할 수 없는 나약한 존재일 뿐이다. 나는 지금 살아있지만 냉정하게 생각해보면 죽은 거나 마찬가지다. 그렇다면 이 세상은 인간에게 너무나 잔혹하다. 나는 지금 살아있는 것일까, 죽어 있는 것일까. 어렸을 때 어머니가 말씀하셨던 착한 일을 많이 한 사람은 죽어서도 복락을 누리고 그 마음이 영원히 살아 있게 된다는 뜻은 무엇일까?'

수척해진 얼굴로 돌아온 영주는 그대로 자리에 쓰러져 잠 속으로 빠져들었다. 소용돌이치며 빙빙 돌고 있는 돌소의 물결이 영주를 덮쳤다. 영주는 두 손을 허우적거리며 소용돌이에서 벗어나려고 안간힘을 썼다. 그러나 돌소의 칙칙한 회색 물결은 더욱 강한 힘으로 영주를 잡아당겼다. 물속으로 가라앉은 영주는 이미 물에 퉁퉁 불은 상만의 얼굴을 보았다. 더 이상 까무잡잡하지 않은 얼굴을 가진 상만이는 말했다.

"영주야, 잘 왔다. 이제 나하고 여기서 천렵하면서 놀자."

영주는 상만의 얼굴을 두 손으로 밀쳐내며 비명을 질렀다.

"안돼!"

비명소리를 듣고 달려온 어머니가 영주를 흔들어 깨웠다. 무서운 꿈이었다. 영주는 빙빙 소용돌이치고 있는 돌소와 얼굴이 하얘진 상만의 얼굴을 떠올리며 몸서리를 쳤다.

그날 오후에야 강 아래쪽에서 발견된 상만의 시신은 집에도 가 보지 못하고 뒷산 양지 바른 곳에 묻혔다.

상만의 돌연한 죽음에 영주는 더욱 말이 없어지고 생각에 잠기는 날이 많아졌다. 요즘 들어 키가 훌쩍 커버린 영주의 얼굴에는 왠지 모를 불안감이 서려 있었고 부리부리한 두 눈에는 사색의 그림자가 언뜻언뜻 비치고 있었다.

그러던 어느 날, 날로 헬쑥해지는 아들을 걱정하던 어머니 강씨가 영주를 불렀다.

"영주야, 요즘 네가 밥도 잘 안 먹고 말도 잘 안 하는 것이 상만이가 죽은 일로 그런다는 것을 이 에미는 다 안다. 하지만 상만이는 이제 죽은 사람이다. 그리고 사람은 언젠가는 다 죽는 거란다. 어서 기운을 내서 밥도 먹고 책도 많이 봐야지 않겠니? 그래야 죽은 상만이도 좋아할 거야."

"알겠습니다, 어머니. 이제부터는 밥도 잘 먹고 다른 생각도 하지 않겠습니다."

하지만 소년 영주는 '죽음 앞에서 무력한 인간이 어떻게 하면 죽음과 삶의 정체를, 그리고 죽음을 넘어서 있다는 마음의 정체를 샅샅이 알 수 있는가'라는 질문에 자꾸만 빠져 들고 있었다.

상만이가 떠난 그해 여름이 가고 가을 추수가 끝난 뒤 해는 또다시 바뀌었다. 영주는 배움이 깊어질수록 더욱 큰 배움에 대한 열망으로 목이 말랐다. 학교 선생님들도 자신을 그토록 괴롭히는 의문

들을 풀 수 있는 학문을 가르쳐 주지는 않았다. 영
주는 배를 타고 경호강을 건너서 한참 걸어가야 하
는 등하굣길을 깊은 상념에 빠져서 홀로 걸어 다녔
다. 해가 바뀔 때마다 저 멀리 바라보이는 지리산
영봉은 하얀 눈에 덮였다가 다시 푸르러지곤 했다.
세월은 그렇게 빨리 흐르는 것이었다.

침묵의 경고를 듣다

영주는 13세가 되던 해에 단성보통학교를 졸업했다. 이 학교의 제8회 졸업생이었다. 보통학교를 졸업한 영주는 그 해 2월 중순 경호강의 겨울 바람을 뒤로 하고 진주중학교에 진학하기 위해 아버지와 함께 진주로 갔다.

진주중학교는 서부 경남의 최고 명문이었다. 하지만 그때까지 영주를 곁에서 지켜본 보통학교의 선생님들이나 아버지는 영주의 실력으로 보아 무리없이 합격할 수 있으리라고 생각했다. 첫 시험 과목을 국어였다. 그러나 그 당시 국어는 우리나라의 국어가 아니라 일본어였다. 일본은 우리 민족의 정신을 송두리째 말살시키기 위해서 아예 우리 말과 글을 쓰지 못하게 하고 일본어를 사용하게 했다. 4년간이나 보통학교를 다니며 일본어를 공부하고 아버지의 서재에서 수많은 일본 서적을 읽은 영주에게 일본어는 낯선 외국어가 아니었다. 영주는 중학교 시험도 생각보다 그렇게 어려운 것이 아니라고 생각하며 첫 시간의 시험 답안을 완벽하게 작성했다. 둘째 시간의 시험 과목은 산수였다.

그런데 소년 영주를 평생 혼자서 공부하는 독학의 길로 이끈 사건이 일어났다. 영주가 시험지를 받아 들고 막 문제를 풀기 시작했을 때 갑자기 머리가 뜨거워지면서 앞이 깜깜해짐을 느꼈다. 순간 영주는 의식을 잃고 쓰러지고 말았다.

한참 후 병원에서 눈을 뜬 영주의 시야에 자신을 들여다보고 있는 아버지와 하얀 가운을 입은 의사, 간호사가 들어왔다. 아버지는 걱정스러운 목소리를 물었다.

"영주야, 괜찮으냐?"

"아버님, 죄송합니다. 어떻게 된 거죠? 시험은 어떻게 됐나요?"

영주는 어떻게 해서 자신이 병원에 누워 있게 됐는지 잘 생각이 나지 않았다. 그는 기억을 더듬어 수학 시험 문제지를 받아 든 순간 갑자기 머리가 뜨거워지면서 의식을 잃었다는 것을 생각해냈다. 영주는 문득 언젠가 상만이가 돌소에 빠져 죽었을 때 꾸었던 꿈을 생각했다. 소용돌이치면서 도는 돌소의 물결, 병원의 하얀 천장이 빙빙 돌고 그 속으로 자신이 빠져 들어가는 것만 같았다. 그리고 그동안 많은 시간이 지나가 버린 것처럼 느껴졌다. 영주는 의식의 단절이 주는 공포를 어렴풋이 느낄 수 있었다.

의사 선생님이 영주를 바라보며 말했다.

"시험을 보다가 쓰러지는 학생들이 종종 있단다. 너무 긴장을 해서 그렇지. 영주에게 무슨 특별한 병이 있는 것은 아니니까 집에 가서 푹 쉬면 괜찮아질 거야."

자신 있다고 여겼던 중학교 진학 시험이 물거품이 되고 만 것을 안 영주는 실의에 빠진 채 아버지의 손에 이끌려 다시 묵곡리로 돌아왔다. 지리산에서 불어오는 겨울 바람이 차갑게 귓볼을 때리고 지나갔다.

아버지는 영주의 좌절을 위로하듯이 말했다.

"영주야, 너무 마음 상하지 말아라. 중학교 시험은 내년에 또 있으니까 건강한 몸으로 다시 시험을 보면 되지 않겠느냐. 세상 일이란 마음 먹은 대로 되지 않을 때가 더 많단다. 마음을 편하게 갖고 건강을 회복한 뒤 다시 시험을 보기로 하자."

하지만 소년 영주는 자신의 내면에서 실체를 알 수 없는 집념이 꿈틀거리는 것을 느낄 수 있었다. 그리고 중학교 시험을 다시 치르지 않게 되리라는 것도 어렴풋이 예감했다. 시험장에서 의식을 잃은 것은 그 집념의 검은 날개가 자신을 치고 지나가 버린 것이라고 생각했다. 그 집념은 학교에서 가르치는 국어나 산수, 과학과 같은 과목으로도 풀 수 없는, 오직 영주 자신만이 풀어야 할 수수께끼였다.

안다는 것은 무엇인가.
사람은 어디서 와서 어디로 가는 것일까.
많은 것을 알게 하고 생각하게 하는
이 마음이란 무엇인가.
영원한 것과 영원하지 않은 것은 무엇인가.

우주는 꼭 형상 있는 것과 형상 없는 것으로만
이루어져 있는 것일까.
바르게 산다는 것은 무엇일까.

영주는 그 수수께끼를 풀고자 하는 자신의 집념이
언제인가 아버지의 책에서 본 '운명'이라는 단어와
같은 것이라고 생각했다. 그 운명은 내면의 목소리
가 되어 나직이 말하고 있었다.

'이제부터는 네 스스로 그 운명의 비밀을 풀지
않으면 안 된다.'

하지만 그 내면의 목소리는 영주 자신만의 비
밀이었으며 아무에게도 알려서는 안 된다는 침묵
의 경고를 던지고 있었다.

스무 살의 독서와 명상

진주에서 돌아온 영주는 그 겨울 내내 창을 울리고
지나가는 바람소리를 들으며 '무엇을 하면 좋을까'
라는 질문을 스스로에게 던졌다. 언제나 자신을 보
다 높은 지식의 길로 충동질하는 내면의 목소리에도
귀를 기울였다. 영주는 스스로에게 말하고 있었다.

'언젠가는 반드시 그 길을 가야만 하리라.'

영주는 이 세계와 우주, 그리고 인간의 비밀을
알기 위해서는 의학을 공부해야 한다고 생각했다.

'의사는 몸과 마음의 병을 고친다. 그렇다며 그
들은 여러 가지 병의 원인과 모든 종류의 약, 사람

의 몸과 마음을 꿰뚫어 보고 있었을 것이다. 그것은 얼마나 난해한 존재의 비밀에 가깝게 다가선 경지란 말인가?'

영주는 의사가 되기 위해서는 많은 공부를 해야 하며 한문, 영어, 독일어, 일본어, 불어 등 수많은 외국어에 능통해야 한다고 생각하며 그 길을 꾸준히 가기로 결심했다.

영주는 우선 경호강 건너 배양리에 있는 배산 서당에 나가 한문 공부를 하기로 했다. 어린 시절부터 공부해 온 한문을 더욱 깊이 공부해서 어떤 책이든 막힘없이 읽어야 한다고 생각했다. 영주는 나이가 지긋한 선배들 속에 섞여『논어』『맹자』『대학』『중용』『사기』『자치통감』을 배웠다. 그는 한번 책을 들면 그 책의 내용을 자기 것으로 습득하기 전에는 결코 손에서 놓지 않았다. 또 어떤 의문을 품게 되면 그 해답을 얻게 될 때까지 스스로에게 묻고 또 물었다. 그래서 영주는 어린 나이에도 불구하고 많은 지식의 비밀을 명료한 체계로 정리하여 가슴에 품을 수 있었다. 그의 비상한 암기력과 문장의 깊은 뜻까지도 놓치지 않는 명석함은 서당의 훈장이나 나이 든 학생들을 놀라게 했다. 그러나 영주는 그 서당의 학업을 끝으로 누군가에게서 배움을 습득하는 정식 교육을 마감했다.

사람은 언제까지나 누구에게 배우기만 하는 학생으로서 살아갈 수는 없다. 언젠가는 정신적으로 독립하여 스스로 연구하고 발견해야 하는 외로운 길을 걸어가야만 하는 것이다. 그러므로 정신적으로 독립하지 못한 사람은 아무리 나이가 많아도 항상 어린 학생일 뿐인 것이다.

이제 소년 티를 벗고 청년이 된 영주는 홀로 공부해 가며 보다 높은 지식의 길로, 깨달음의 길로 나아가야만 했다.

서당 공부를 마친 영주는 어느 날 진주 시내에 나가 영어와 독일어 자습서와 사전들을 한 짐 사들고 묵곡리로 돌아와서 외국어 공부를 시작했다.

외국어 독학처럼 어려운 것도 없다. 그 나라 말이 쓰이는 현지에 가서 그곳 사람들과 함께 살지 않는 한 외국어는 아무리 열심히 공부하더라도 그 발음 때문에 곧 난관에 부딪히게 된다.

그러나 영주는 영어로 씌여진 책을 마음껏 읽을 수 있다면 멋진 일일 것이라고 생각했다. 그래서 밤낮을 가리지 않고 사전을 찾아가며 열심히 영어를 공부했다. 의사가 되겠다고 생각한 영주에게 외국어는 필수적인 것이었다.

이렇게 공부한 영어와 독일어 실력은 같은 또래들의 외국어 수준을 이미 넘어서게 되었다. 훗날 스님이 5개 국어에 능통하다는 소문이 난 것도 청년 시절에 익힌 외국어 공부와 무관하지 않다.

스님은 백련암에 계실 때 여러 상좌들을 두었다. 스님의 상좌들은 명문대학 출신이 많기로 유명했다. 스님의 문하에 입문한 상좌들은 새벽부터 밤늦게까지 혹독한 수행을 계속하면서 스님의 엄한 가르침을 받는 것으로도 유명했다. 그만큼 사람을 보는 스님의 안목은 까다로운 일면이 있었다.

어느 날 스님은 명문대학 출신의 한 제자를 불렀다. 제자가 스님께 가보니 스님의 책상 위에는 유명한 미국 시사주간지가 펼쳐진 채 밑줄이 그어져 있었다. 스님은 제자에게 말했다.

"니 영어 좀 하제? 이것 좀 해석해 보거라."

제자는 갑자기 닥친 일이라 우물쭈물하면서도 조심스럽게 해석해 올렸다. 그러나 스님은 제자의 머리를 쥐어박으면서 말했다.

"이게. 그런 말이가? 니는 공부 좀 했다는 놈이

그렇게밖에 해석할 수 없나."

제자는 스님의 질타에 머리를 긁적거릴 수밖에 없었다.

의학을 공부하기 위해 시작한 외국어 공부였으나 막상 외국어로 씌어진 원서들을 읽기 시작하면서 영주의 마음은 문학과 철학으로 기울고 있었다. 특히 지혜를 닦는 학문인 철학은 한층 논리적으로 생각하는 법을 가르쳐 주었다.

이때부터 청년 영주는 책을 읽으며 밤을 새우는 날이 더욱 많아졌다. 책 속에는 많은 길이 펼쳐져 있었다. 인간의 이성과 실천을 명료하게 분석하고 체계화시킨 철학의 길이 있었고, '어떻게 하면 부강한 국가를 만들 수 있는가'라는 질문에 답하는 정치의 길이 있었다. 그리고 하나님의 사랑을 통한 인간의 구원을 설하다가 십자가에 못박힌 그리스도의 길이 있었고, 왕자로서 출가하여 지혜와 자비의 진리를 성취하고 중생들에게 해탈의 진리를 설한 붓다의 길이 있었다.

청년 영주의 이와 같은 엄청난 독서량은 훗날 다시 확인되고 있다.

성철 스님의 열반 1주년을 앞두고 있던 1994년 10월 5일. 제자들은 새로 발견된 성철 스님의 유품을 공개했다. 이 유품들 가운데 가장 우리의 눈길을 끄는 것은 바로 스님이 20세 되던 해인 '1932년 12월 2일'에 작성한 독서 목록이다. 이 독서 목록에는 당시까지 청년 영주가 읽었던 80여 권의 제목이 아담한 서체의 붓글씨로 적혀 있었다. 그 책들 가운데에는 매우 깊이 있는 사색이 필요로 하는 『철학사전』 『민약론』 『순수이성비판』 『신·구약성서』 『장자』 『자본론』 『하이네시집』 『근사론』 『벽암록』 등이 포함되어 있다. 특히 이 독서 목록의 한편에는 매우 숙달된 영어 서체의 원서 제목들도 적고 있어서 당시 스님의 외국어 독학에 대한 정열을 느끼게 한다.

　　이 목록은 젊은 시절부터 계속된 스님의 엄청난 독서량을 반증해 주는 증거지만, 이 목록의 발견과 함께 스님의 제자인 해인사의 원택 스님은 다음과 같이 회상하고 있다.

　　"큰스님께서 '내가 젊었을 때는 책을 구하기 어려워 『실천이성비판』 같은 책은 쌀 한 가마니를 주고 얻어 보았는데, 요즘 중들은 도무지 책을 보지 않는다'며 야단치실 때 반신반의했는데 이제 보니 그게 아니었다."

청년 영주는 이렇게 방대한 독서를 통해서 자신을 보다 높은 지식의 세계로 충동질하던 내면의 목소리를 더욱 분명하게 듣고 우주와 인생의 비밀에 한 걸음 한 걸음 다가서고 있었다.

하지만 아무리 책을 읽어도 해결되지 않는 의문점이 있었다. 그것은 '영원한 것은 무엇인가?'라는 영주 자신의 오랜 질문이었다. 철학자 칸트는 인간의 이성과 실천을 정교하게 분석하고 체계화시켜서 『순수이성비판』과 『실천이성비판』 같은 명저를 남겼지만, 그의 명제도 결국 '영원한 것은 무엇인가'라는 문제를 탐구하기 위한 것이었다. 칸트는 그 문제를 해결하기 위해서 철학이라는 학문을 택했지만 청년 영주는 보다 직접적이고 실천적인 해답을 스스로 얻고자 했다.

영주에게 철학이란 인간의 관념과 범주를 분석하고 종합하여 어떤 가치를 주장하는 학문에 지나지 않았다. 그리고 많은 철학자들이 단지 말을 주어와 술어로 분리하여 음미하고 그 내용을 판단하는 일로 세월을 보낸 것으로 보였다. 아무리 인간의 관념과 언어를 쪼개고 내용을 판단한다고 하더라도 철학은 '영원한 것은 무엇인가?'라는 질문에 만족할 만한 해답을 줄 수 없었다. 도대체 누가 말할 수 있을 것인가.

과학은 합리적인 분석과 실험을 통해 검증된 사실만을 설명한다. 눈에 보이지 않는 세계와 인생의 원리에 대한 탐구는 철학의 영역이다. 그러나 철학은 그 영역을 넓히기 위해서 수없는 범주와 개념만을 만들어 놓았을 뿐 도대체 누가 세계와 인생의 원리를, 그 '영원한 것은 무엇인가'라는 질문에 대답할 수 있단 말인가?

이렇게 생각한 영주는 책을 손에서 놓고 집 뒤켠의 대밭에 앉아서 명상에 잠기는 날들이 많아졌다.

지리산에서 불어오는 바람이 산과 들, 강과 숲을 건너서 대숲을 흔들며 지나가고 있었다. 영주는 대나무 숲에 앉아 끝없는 상념에 잠겼다. '영원한 것은 무엇인가'라는 의문이 해결되어야 '영원한 자유의 길'이 열릴 터였다. 그는 스스로 자신이 걸어가야 할 길이 너무 멀고 험하다는 것을 잘 알고 있었다.

구름에 가리워진 달이 나타날 때마다 대숲은 환하게 밝아졌다가 다시 어두워지곤 했다. 뒷산 어디선가 두견새가 울고 있었다. 영주가 아주 어렸을 때부터 그 새는 항상 "쪽박 바꿔 줘 쪽박 바꿔 줘" 하며 울었다. 어린 영주는 어머니와 함께 두견새가 우는 소리를 들으며 잠들곤 했다. 영주는 어머니가 들려주신 이야기를 떠올렸다.

"영주야, 저 새는 왜 항상 '쪽박 바꿔 줘 쪽박 바꿔 줘'하고 우는 줄 아느냐? 옛날 어떤 시어머니가 며느리를 아주 미워해서 아들은 큰 그릇에 밥을 먹게 하고 며느리는 아주 작은 쪽박에다 밥을 주었단다. 밥을 많이 먹지 못해서 배가 고픈 며느리는 그만 시름시름 앓다가 죽고 말았지. 죽은 며느리는 새가 되어 밤마다 시어머니 방문 앞에 날아와서 울었단다. '쪽박 바꿔 줘 쪽박 바꿔 줘' 이렇게 말이야."

영주는 어머니의 그 이야기를 듣고 슬퍼서 그만 울고 말았던 옛날 일을 떠올렸다. 슬픔이 많은 사람이 죽어서 새가 된다는 것은 참으로 멋진 일이라는 생각이 들었다.

'새가 된다면… 얼마나 멋진 일일까?'

영주는 새가 되고 싶었다. 새가 되어 슬픔 많은 이 세상의 하늘을 훨훨 날아다니고 싶었다.

결혼

영주는 하루 일과를 마치고 경호 강변의 저녁 노을 속을 걷고 있었다. 모든 것을 밝게 비추던 태양이 저녁 때가 되면서 산과 들, 강을 온통 빠알간 노을로 물들이며 서산으로 모습을 감췄다. 강변의 흰 모래밭도, 멀리 바라다보이는 마을의 처마들도 저녁 나절에는 더욱 아름답고 선명하게 보였다. 소멸을 향해 가고 있건만 한낮의 태양 아래서보다도 저녁 노을 속에서 더욱 아름답게 빛났다.

'저 해는 내일이면 다시 떠오른다. 그러나 모든 생명있는 것들은 한번 숨을 거두면 다시 돌아올 수 없는 소멸의 길을 가야 한다. 아무리 단단하고 찬란한 물질도 시간의 흐름과 함께 마모되며 소멸되고 만다.

사람도 늙음과 함께 소멸을 피할 수 없는 존재가 아닌가. 사람의 육신도, 기억도 이내 곧 마모되고 소멸되어 버리는 것. 소멸이란 무엇일까. 소멸의 끝에는 무엇이 있을까. 소멸되지 않는 영원한 것은 무엇일까. 이 세상에는 그렇게도 무덤이 많고 죽은 사람도 많은데 우리 인류는 아직도 죽음이 무엇인지, 왜 사는지 아무도 모른다는 말인가. 세상에는 그토록 위대한 학자들과 의사가 많은데도.'

영주는 저녁 어스름이 깔리는 들판을 지나 집으로 돌아왔다.

"영주야, 이리 좀 들어오너라."

사랑방에서 아버지가 부르는 소리였다.

"부르셨습니까? 아버님."

방에는 어머니도 함께 앉아 있었다. 세 사람은 호롱불을 마주한 채 한동안 말없이 앉아 있었다.

한참 후 아버지는 무겁게 입을 열었다.

"영주야, 네 나이 이제 몇 살이지?"

"이제 스물입니다. 아버님."

"너는 종가집 장손이 아니냐. 나는 영주 네가 집안일도 잘 돌보고 공부도 많이 한다는 것을 잘 안다만, 이제 장가를 들어야 하지 않겠느냐."

뜻밖의 일이었다. 지금까지 결혼에 대해서는 생각해 본 일이 없는 영주였다. 그만큼 영주의 마음은 자신이 스스로 택한 길을 찾아 멀리 방황하고 있었던 것이다. 그리고 그 길을 찾기 위해서는 앞으로도 방황의 날들을 더 보내야 한다는 것을 알고 있었다. 그런데 결혼이라니. 영주에게는 정말 낯선 일이었다. 영주는 떨리면서도 단호한 목소리로 말했다.

"아버님, 저는 아직도 제 갈 길을 정하지 못한 채 책만 읽고 있는 서생입니다. 제대로 세상 사는 법을 모르는 제가 장가를 간다면 남의 집 귀한 딸을 데려다가 고생만 시키게 될 것입니다. 결혼 같은 것은 안 하면 안 되겠습니까?"

지금까지 말없이 앉아 있던 어머니가 영주의 슬픈 눈을 바라보며 말했다.

"영주야, 그게 무슨 말이냐. 남자는 결혼을 해야 안정도 되고 세상 사는 이치도 알게 된단다. 공부를 앞세워 집안의 장손인 네가 결혼을 안 하겠다는 건 사람의 도리가 아니다. 네가 어서 장가를 들어야 우리 내외도 손주를 볼 수 있을 것이 아니냐."

영주는 난감했다. 그러나 부모님이 저렇게 완강하게 자신의 결혼을 서두르는 것을 막을 수는 없었다. 그날 저녁 영주는 자신도 피할 수 없는 결혼의 의미에 대해서 고뇌하며 밤을 지샜다.

'아아, 왜 사람들은 무엇이 가장 큰 행복인가라는 문제를 외면하며 살아가는 것일까. 사람들은 결혼이라는 제도에 얽매여 아이를 낳고, 살기 위해서 발버둥치다가 이내 늙어서 추해지고 덧없이 죽고 만다. 나는 반드시 가야 할 길이 있다면 곧 모든 것을 버리고 오직 진리만을 추구하며 살아가고 싶건만.'

그해 가을 청년 이영주는 장가를 들었다. 신부는 묵곡리에서 멀지 않은 덕산에 사는 전주 이씨 문중의 규수로 스물 한 살 난 이덕명이었다.

덕명의 집안은 덕산의 이씨 문중에서도 살림이 부유하고 선조가 큰 벼슬을 하지 않았으나 대대로 선비를 배출한 가문이었다. 영주의 어머니 강씨 부인이 중매를 넣어 알아보니 신부 덕명은 인물이나 품행으로 보아 종가의 맏며느리로 손색이 없는 규수였다. 강씨 부인은 '그 규수라면 마음의 병이 든 아들의 방황을 멈추게 할 수 있으니라'고 생각하고 아들의 혼사를 서둘렀다.

혼례날이 다가오자 신랑 영주는 사모관대를 두른 뒤 나귀를 타고 덕산의 신부집으로 갔다. 마침내 신부집 앞마당에 마련된 초례청에서 초례를 치르면서 영주는 신부의 고개 숙인 얼굴을 처음 보았다. 영주는 덕명의 맑고 순한 눈매를 바라보며 어디선가 많이 본 듯한 얼굴이라고 생각했다. 영주는 문득 '인연'이라는 말을 떠올리며 자문하고 있었다.

'그렇게 망설이고 주저했건만 이제 저 여인을 아내로 맞아 들이게 되다니, 이건 업보가 아닐까. 이 모든 것이 인연의 굴레 속에서 맺어지는 일이어서 나 자신도 피할 수 없는 업보 같은 것이다. 하지만 내가 저 여인의 지아비 노릇을 잘할 수 있을까.'

신혼 첫날밤을 보내고 영주와 덕명은 유난히 짙푸르고 웅장한 지리산의 산등성이를 바라보면서 묵곡리로 돌아왔다.

묵곡리 합천 이씨 문중의 새며느리가 된 덕명은 품성이 밝고 건강했다. 그리고 마치 오래 전부터 영주의 집에 살던 사람처럼 모든 일을 능숙하게 해냈다. 부모님들은 그런 새며느리를 집안의 복덕이로 여기고 속을 알 수 없는 아들의 어두운 그림자가 새며느리로 인해서 사라지기를 기대했다.

영주는 말없이 자신을 따르며 집안의 힘든 일도 마다하지 않는 아내 덕명에게 어머니나 할머니에게서 느낄 수 없었던 사랑이 움트고 있음을 알았다. 영주와 덕명은 그렇게 수줍은 한 달을 보냈다.

아침상을 물리고 난 아버지는 일어서려는 영주를 불러 앉혔다.

"영주야, 거기 좀 앉거라. 의논할 일이 좀 있구나. 인자 니도 장가를 들었으니 무슨 사업이든지 일을 배워야 않겠냐. 그래야 딴 생각도 안 하고 지아비 노릇도 제대로 할 수 있을 것이다. 다행히 올해는 풍년이 들어서 논농사와 밭농사가 모두 잘 된 듯싶다. 그러니 올해는 네가 밤수매를 좀 맡아서 해보거라. 너는 책도 그렇게 많이 읽고 생각하는 것도 많으니 이 애비보다는 훨씬 안낫겠냐. 그러니 이제부터는 네가 내 뒤를 이어서 집안 살림을 맡아 보거라."

영주는 아버지의 분부를 불현듯 자신이 이 집의 대를 이어야 하는 종손이라는 생각에 마음이 무거웠다. 왠지 모를 불길에 휩싸여 있는 자신의 가슴은 그 무거운 짐을 지고 번거로운 세상사에 일생을 바치기를 거부하고 있는 것이었다. 창고에 쌓여 있는 수십 가마의 밤을 돌아보면서도 영주의 생각은 다른 곳에 가 있었다.

읍내의 일본인 상회에서는 밤을 사기 위해 자꾸 사람을 보내왔다. 그러나 영주는 밤값을 내리기 위해서 이리저리 간사한 말로 수작을 부리는 일본 사람의 천박한 욕심이 싫어서 밤을 팔지 않았다. 의아하게 생각한 아버지가 물었다.

"왜 밤을 읍내 상회에 빨리 팔아 버리지 않느냐. 대목이 지나면 반값도 못 받을 텐데."

"아버님. 그 사람들은 말이 간사스럽습니다. 간사스러운 사람들은 욕심이 많습니다."

"참, 너도 딱하구나. 장사꾼이라는 것들이 다 그렇지. 그러면 저 많은 밤을 언제 다 팔려고 그러느냐."

"그 일본 사람들에게는 팔지 않겠습니다. 정 팔리지 않으면 사람들을 불러다가 거저 나눠 주든지 장터에 싣고 나가 반값에 팔겠습니다. 아버님은 그냥 보고만 계십시오."

아버지는 일본 사람들의 농간에 넘어가면서까

지 밤을 팔고 싶은 생각이 없는 아들의 대쪽 같은 성품을 잘 알고 있었다. 영주가 돈을 만지는 일에 관심이 없다는 것도 알고 있었지만, 아버지로서는 아들이 집안 살림에 마음을 붙이도록 이끌고 싶어서 밤 수매 일을 맡긴 것이었다.

영주는 다음날 사람들을 시켜 밤을 반값에 팔겠다는 소식을 읍내에 전했다. 이 소식을 들은 읍내 사람들은 자루를 들고 줄지어 몰려들었다. 그들은 밤을 사서 팔려고 하는 상인이 아니라 집안의 제수용으로 쓸 밤을 구하는 사람들이었다.

일 년 밤농사를 반값에 팔아 버린 아들을 바라보는 아버지의 마음은 무거웠다. 반값에 팔아 버린 밤이 아까워서가 아니라, 아들 영주가 자신 곁에 머물러 자신의 대를 이어줄 것 같지 않은 불안한 예감 때문이다.

대나무 숲속의 대화

아버지 이상언은 농민들에게 소작을 맡긴 뒤 추수
철에 곡식을 받아들이는 일로 세월을 보내는 평범
한 지주가 아니었다. 젊어서부터 수많은 선비와 스
님들과 교류하면서 일본에 빼앗긴 조국의 앞날을
걱정하고 학문을 논했으며, 처지가 어려운 사람들
을 위해서는 상당한 액수의 돈을 아낌없이 베푸는
일도 마다하지 않았다. 그만큼 가세가 넉넉했던 것
이다. 그래서 인근에서는 '율은 선생'이라고 불려지
고 있었다. '율은'은 이상언 자신이 스스로에게 붙
인 자호였다. 자신의 집 주변에 밤나무가 무성했으

므로 자신을 밤나무 숲에 은둔하는 선비라는 뜻으로 붙인 이름이었다. 그래서인지 그의 집에는 선비들과 지리산에서 공부하는 스님들이 수시로 드나들었다.

이상언은 가을걷이가 끝나고 한가해질 때면 사랑방에 들어앉아 긴 겨울 내내 많은 책을 읽고 붓글씨도 썼다. 아들 영주는 일 년 내내 책을 손에서 놓지 않고 지냈지만 이상언은 추수가 끝난 늦가을부터 봄까지 독서로써 자신을 성찰하며 보냈다. 올해에도 이상언은 추수를 끝내고 여느 가을처럼 사랑방을 지키고 있었다.

"거, 율은 선생 계시오?"

"허허, 해봉 스님 아니신지요. 어서 방으로 들어가십시오. 산에는 모두 잘 계시겠지요."

"산에는 그저 흰구름만 오고 갈 뿐 다른 일은 없지요."

지리산 화엄사에서 오랫동안 수행한 덕망 높은 스님으로 인근의 신도들에게 존경을 받고 있는 해봉 스님이었다.

이상언은 자신보다 10여 년 연상인 해봉 스님의 높은 학문과 수행을 존경하면서 손위의 형님과도 같은 친밀감을 느끼고 있었다. 그는 항상 '이 어려운 시절에 저런 분이 아니면 누가 사람들의 아픈 마음을 어루만져 줄 수 있겠는가'라고 생각했다. 그만큼 이상언은 해봉 스님을 귀하게 생각했다. 그래서 해마다 가을걷이가 끝나면 많은 쌀가마니를 지리산 인근의 절들과 화엄사로 올려보내고 해봉 스님의 겨울 옷을 챙겨 보내곤 했다.

두 사람이 마주앉은 방안 가득히 늦가을 오후의 맑은 햇살이 비추고 있었다.

"율은 선생, 무슨 쌀을 그렇게 많이 보내셨소. 절에 사는 사람들이야 있으면 있는 대로 없으면 없는 대로 사는데."

"겨우내 많은 스님들이 한데 모여 공부하려면 양식이 오죽 들겠습니까. 적어서 오히려 송구합니다. 아무리 미혹한 중생이지만 스님들의 공부만큼 큰일이 없다는 걸 왜 모르겠습니까? 그건 그렇고 큰스님께서 오늘은 웬 행차신지요."

"행차는 무슨… 이제 겨울 눈이 많이 내리면 오고가지도 못할 텐데 묵곡리 신도들에게 부처님 말씀을 들려주고 이 돌중이 밥이나 한 끼 축내려 온 것 아니겠소. 왜, 천하의 율은 선생이 중에게 주는 밤 한 끼도 아깝소?"

이상언은 해봉의 넉넉한 성품을 잘 알고 있었
다. 그는 겨울 눈이 쌓여 길이 막히기 전에 중생들
에게 부처님의 말씀을 들려주고 그들의 고민을 함
께하려는 해봉 스님의 자비심을 귀하게 생각하지
않을 수 없었다.

"이런 황송할 데가 있나. 스님께서 친히 우리
동네 사람들에게 부처님 말씀을 들려주시겠다니
요. 아예 가지 마시고 겨울 내내 저희 집에서 같이
불도나 닦읍시다."

"허허, 율은 선생. 중이 마을에서 무슨 소용이
있겠소. 괜히 중생들이 땀 흘려 농사 지은 쌀만 축
낼 뿐이지. 시줏밥은 빚이 아닌 줄 아시오."

이상언은 이런 해봉 스님의 소탈하고 평화스러
운 성품이 좋았다. 그는 언제나 바람 같았다. 마움
도, 사랑도, 번뇌도, 욕심도 털어 버리고 산에서 산
으로 흘러 다니는 흰구름과도 같았다. 그러면서도
해봉 스님은 일본에 아부하는 사람들이 판을 치는
이 수상한 시절을 얼음같이 차가운 시선으로 바라
보고 있었다.

신라시대의 의상 스님이 조성했다고 전해지는

화엄사 각황전의 화엄석경은 이미 임진왜란 때 일본군의 방화로 불타버리고 그 파편만 각황전 주변에 쌓여 있었다. 그리고 수백 년이 지난 뒤 일본인들은 선조들이 훔치려다가 실패한 그 부스러기마저 일본으로 싣고 가려는 욕망에 불타 오르고 있었다.

어느 날 평화로운 지리산을 찾아온 총독부의 관리들은 입을 모아 말했다.

"에 또, 지금 조선 사회는 폭도가 밤낮으로 판을 치고, 치안이 불안해서 귀중한 유물의 보존을 이 산중에 맡길 수 없스무니다. 그래서 조선총독부의 명령으로 이 유물을 내지로 옮겨 관리하겠스무니다."

그때였다. 경성에서 내려왔다는 총독부 관리의 터무니없는 설명을 듣고 있던 스님들 가운데 누더기를 걸친 한 스님이 두 눈을 부릅뜨고 소리 높여 말했다. 바로 해봉 스님이었다.

"놔둬라. 이 도둑놈들아! 석경을 훔쳐 가려거든 차라리 나를 죽여라. 우리 의상 스님이 조성하신 석경은 너희들처럼 양심 없는 도둑놈들이 탐낼 물건이 아니니라. 석경을 가져가려거든 차라리 나를 죽여라."

해봉 스님의 주변에 모여 있던 젊은 스님들의

눈에도 불길이 활활 타올랐다. 그들은 이구동성으로 말했다.

"안 됩니다. 의상 스님의 원력이 담긴 보배로운 석경을 내줄 수는 없습니다. 여러분, 석경을 일본인 손에 넘기느니 우리 모두 석경에 새겨진 『화엄경』의 말씀처럼 진리를 위해서 죽음을 두려워하지 맙시다!"

조선총독부에서 파견된 일본인 관리들은 놀란 나머지 그 석경에 손도 댈 수 없었다. 그들은 선조의 유산을 저렇듯 목숨을 걸고 지키려는 민족을 본 일이 없었다. 그리고 사소한 이익 때문에 남을 해치기보다는 생활의 어려움을 함께 나누는 사람들을 본 일이 없었다. 모두 해봉 스님의 가르침이었다.

해봉 스님에게는 욕심 많은 인간의 내뿜는 독기가 없었다. 이상언은 인간의 독기가 다 사라져버린 혜봉 스님의 집착없는 경지가 부러웠다. 자신은 어려서부터 유학을 공부해왔지만 『논어』와 『맹자』를 아무리 읽어도 도달할 수 없는 해봉 스님의 사람됨이 부러웠다. 이상언은 그것이 바로 속인과 스님의 차이라고 생각하면서 며느리를 불렀다.

"아가, 차 좀 내오고, 니 어머니더러 해봉 스님

오셨다고 말씀드리거라."

"네, 아버님."

지리산 인근의 부인들도 그렇지만 영주의 어머니는 젊어서부터 신심 깊은 불자였다. 그녀는 교리를 깊이 깨우치고 있는 것은 아니었지만 해마다 초파일과 백중이 돌아오면 절에 가서 불공을 올리면서 집안의 안녕을 부처님께 빌었다. 그리고 항상 회심곡을 외우며 스스로 복 없는 일을 삼가며 아내로서, 어머니로서 덕을 쌓는 일에 게으르지 않았다.

세상천지 만물중에 사람밖에 또있는가
여보시오 사람들아 이내말좀 들어보소
이세상에 나온사람 누구덕에 나왔는가
석가여래 공덕으로 아버님전 뼈를빌고
어머님전 살을빌며 칠성님전 명을빌고
제석님전 복을빌어 이내한몸 탄생하니
한두살에 철을몰라 부모은덕 알을손가

강씨 부인이 며느리와 함께 소반을 작설차와 유과를 담아 들고 들어왔다.

"아이구, 스님 오셨어요. 이렇게 먼 곳까지 귀

한 걸음을 다 하시고."

"오래간만입니다. 그동안 댁내 평안하셨습니까?"

"네, 스님. 그렇지 않아도 새애기도 들이고 해서 한번 찾아뵈려고 했는데 정말 잘 오셨어요. 아가야, 너도 스님께 절 올려라."

강씨 부인과 며느리는 해봉 스님께 삼배를 드렸다.

"영주군이 장가를 들었다는 소식은 들었습니다만, 참하고 유복한 며느리를 두게 되어 기쁘시겠습니다. 그런데 영주군은 출타 중입니까?"

이상언은 해봉 스님에게 차를 권하며 말했다.

"아가, 가서 니 남편 좀 건너오라고 하렴."

영주는 해마다 서너 차례씩 사랑방에 들르는 해봉 스님을 알고 있었다. 해봉 스님이 오셨다는 아내의 기별을 받은 영주는 당당함과 고요한 평화가 깃든 해봉 스님의 얼굴을 떠올리며 생각에 잠겼다.

"스님, 그동안 평안하셨습니까?"

"아, 영주군. 어릴 때부터 숙성하더니 이제 장가도 들고, 훌륭한 선비가 다 되었구먼. 그래 요즘은 어떻게 지내나?"

"네, 별로 하는 일 없이 책을 읽고 있습니다."

"흠, 그래? 모름지기 장부란 다섯 대의 수레에 실을 만큼의 책을 읽어야지. 영주군, 책을 열심히 읽어 두면 지금 당장은 쓸모가 없어 보이지만 언젠가는 반드시 무서운 힘이 된다네. 부지런히 학문을 익히도록 하게."

해봉 스님은 불안해 보이면서도 맑게 빛나는 눈동자를 갖고 있는 영주의 얼굴을 유심히 바라보았다. 나이답지 않게 초연한 기품이 느껴지는 순수한 얼굴이었다. 그러나 영주의 온몸에서는 길을 찾는 자의 불안과 방황의 기색이 소나기가 내리기 직전의 여름 날씨처럼 그렇게 무겁게 드리워져 있었다.

"스님, 그럼 편안히 쉬십시오. 저는 이만 물러가겠습니다."

영주가 자기 방으로 돌아간 뒤 이상언은 해봉 스님에게 말했다.

"스님, 사실 우리 내외는 저 아이 때문에 걱정입니다. 어려서부터 남다른 면이 있긴 했지만 책을 너무 읽어요. 그래서인지 생각도 깊지만 혼인을 시켜 놔도 도무지 집안일에 마음을 붙이려고 하지 않습니다. 저번에는 밤 수매를 맡겼더니 글쎄, 일본

상인들이 간사하다면서 그 많은 밤을 읍내 일본 상회에 팔지 않고 면 사람들에게 반값에 죄다 팔지 뭡니까. 장사를 시키려는 것은 아니지만 저렇게 딴생각을 하고 있으니 걱정입니다. 그리고 무슨 생각이 그렇게 많은지 새신랑이 되고서도 밤마다 나가서 이리저리 산책을 하니 말릴 수도 없고. 스님께서 저 아이 마음 좀 잡게 해주십시오."

"허, 율은 선생은 내가 무슨 사람 마음 잡게 하는 신통력이라도 가진 줄 아시오. 마음을 잡으려면 나부터 잡아야지. 그리고 요즘 같은 시절에 젊은이들 마음이 오죽 울적하겠소. 어쨌든 내가 한번 말은 해보리다."

저녁을 마친 후 이상언의 사랑방에 모인 묵곡리 신도들은 해봉 스님에게 『지장경』 법문을 들었다. 신도들은 그 무서운 지옥도 바로 중생의 업력으로 만들어지고 중생들이 악업을 쌓는 한, 지옥의 불길도 영원히 계속된다는 해봉 스님의 법문을 가슴에 새기며 집으로 돌아갔다.

대나무 숲속으로 차가운 가을 달빛이 쏟아져 들어왔다. 겨울이 다가오고 있음을 알리는 북풍이 불어올 때마다 대나무 가지들은 서걱이는 소리를 내며 거세게 흔들렸다.

영주는 아까부터 자신의 마음을 꿰뚫어보는 듯한 해봉 스님의 눈매를 생각하며 대나무 숲속에 서 있었다. 이상한 눈매였다. 사물의 형상을 예리하게 응시하면서도 조용하고 다정함이 담긴 그런 눈매였다.

"여보게, 영주. 이 늙은 중하고 이야기 좀 하지 않으려나?"

해봉 스님이었다. 달빛 때문일까. 해봉 스님의 그림자가 지극히 커 보였다.

"네, 스님. 안 주무시고 웬일로 이렇게 늦은 밤에 나오셨습니까."

"응. 지나가던 바람이 일러주더군. 자네가 대나무 숲속에서 혼자 신선 흉내를 내고 있다고. 늙으면 잠이 없어지지. 죽을 때가 가까워진 것인가. 영주, 자네가 밤을 멋지게 다 팔아 버렸다는 이야기는 들었네. 그렇지만 자네도 이제 한 사람의 지아비가 됐으니 살아갈 이문을 약간은 남기지 그랬나?"

"스님, 그런 하찮은 이문은 누구나 다 남기는 것이지요. 하지만 저는 더 큰 이문을 남기는 장사를 하고 싶습니다. 아무리 써도 없어지지 않는 영원한 마음의 이문을 얻고 싶습니다. 제가 책을 보니까 부처님은 그런 이문을 남기신 분 같더군요. 스님께서 그런 이문을 남기는 법을 좀 가르쳐 주십시오."

해봉 스님은 멀리 들판 너머로 달빛을 받아 반짝거리며 흐르는 경호강을 바라보며 이 청년의 목소리가 한없이 쓸쓸하게 들린다고 생각했다.

"영주, 자네는 너무 큰 장사를 하려고 생각하는구만. 하긴 온 세상 사람들이 꼭두각시 목숨이나마 부지하려고 이리저리 흘러 다니는 시절이니 그런 장사를 왜 하고 싶지 않겠나. 하지만 어려운 일일세. 자네는 솔개가 나는 것을 본 일이 있는가? 솔개는 바위산 깊은 곳 치솟아 오른 절벽 위에 둥지를 틀고 살지. 그런데 그 솔개란 놈은 참새처럼 날고 싶을 때 그냥 푸드득 나는 촐싹맞은 놈이 아냐. 그 놈은 높이 날기 위해서 몇 시간이고 웅크리고 앉아서 바람을 기다린다네. 자기의 날개 길이와 상태, 바람이 세기와 방향을 살피면서 오랫동안 바람을 기다린 후 비로소 날개를 펴고 푸른 하늘로 날아오르지. 자네가 그런 큰 이문을 얻고 싶다면 그 솔개란 놈처럼 신중하게 처신하도록 하게. 불도를 닦는 일은 자네가 말하는 것처럼 큰 이문을 남길 수도 있지만 자칫 잘못하면 본전도 못 찾게 되지. 정말 어려운 일이야."

"스님, 저는 항상 제 스스로의 질문에 쫓기고 있습니다. 그리고 이제는 많이 지쳐서 더 이상 쫓겨 다닐 힘도 남아 있지 않은 것 같습니다. 제 성격 탓이겠지만, 마음속에는 끝없이 계속되는 질문 때문에 잠시도 평화를 누린 적이 없습니다. 만고 불변의 영원한 진리란 무엇일까요? 부처님께서 말씀하신 해탈의 길은 영원한 것일까요? 저는 그동안 힘 닿는 대로 책을 읽으면서 인생의 바른 길을 찾고자 했으나 찾을 수 없었습니다. 죽음 앞에서 무력하고 욕망에 묶여 있는 나약한 인간의 인생을 바르게 살 수 있는 것일까요? 말씀해 주십시오."

"영주, 자네가 생각하는 만고 불변의 영원한 진리란 없네. 이 세상에 영원한 것은 아무것도 없다네. 모르지. 영원한 것이 있다면 그 영원한 것이 없다는 제행무상諸行無常의 법칙이겠지. 자네 그림자와 내 그림자를 보게. 과연 저 그림자가 우리 것일까? 아니지. 자네의 마음속에서 울려 나오는 질문은 저 그림자와 같은 것이야. 그 질문들을 풀기 위해서는 그림자가 아니라, 그 그림자를 만드는 마음을 바로 보아야 하네. 마음 닦는 공부를 하면 그 질문들은 화롯불에 떨어지는 눈송이처럼 녹아 없어지게 되지."

"스님, 마음 닦는 공부는 무엇입니까. 어떻게 마음을 닦아야 합니까?"

"마음 닦는 공부는 범부가 부처되는 공부라네. 마치 저 달을 보려면 달을 가리키는 손가락을 보아서는 달을 볼 수 없는 것처럼 직접 마음을 깨달아야 부처가 되지. 부처란 완성된 인격이 아니겠나. 사람이 인격을 완성하기 위해서 공부를 하지만 어디 공부만으로 인격을 완성할 수 있을까. 이리저리 손해와 이익, 잘잘못을 따지는 공부는 그 바탕부터 집착으로 오염되어 있지 않은가. 그러니 오염된 지식으로 이 세상을 더욱 오염시키면서도 서로 잘났다고 아귀다툼이지. 참다운 지식이란 머리에 든 지식이 아니라 마음의 지식이네. 그리고 지식보다 더 중요한 것은 진실된 삶을 사는 걸세. 그러나 중생들은 본래 부처인 그 마음의 참된 성품을 잊고 오랜 세월 중생 노릇하면서 익힌 업대로 꼭두각시처럼 살기 때문에 살아도 진실로 사는 것이 아니야.

모두 꿈속에서 살아가고 있는 거지. 자네의 그 질문들도 꿈속의 질문이네.

옛날에 현각이라는 스님이 있었지. 이 스님은 아주 박식하였으나 깨달음을 얻지 못하다가 중국 선종의 6대 조사인 혜능 스님을 찾아가 깨달음을 얻었다네. 그리고 감격하여 '깨달음의 노래'를 지었는데 거기에 이런 말씀이 있지. 한번 들어 보게나.

그대는 보지 못하였는가
배움이 끊어진 하염없는 저 도인은
망상도 없애지 않고 참됨도 구하지 않으니
번뇌의 참 성품이 바로 부처님 마음이요
헛되고 빈 이 몸이 바로 부처님 몸이로다.

영주, 자네도 현각 스님처럼 깨닫고 싶은가? 꿈을 깨려면 마음공부, 즉 참선을 해야 하네."

"스님, 앞으로 저는 어떻게 살아야 합니까?"

"음… 자네는 더 이상 엉뚱한 철학은 그만두고 유마 거사처럼 살아가는 것이 좋을 거야. 유마 거사는 부처님 당시 부처님의 십대 제자보다 훨씬 높은 경지에 오른 보살이지. 하루는 유마 거사가 부처님의 제자들에게 가르침을 주려고 일부러 아픈 척하고 누워 있었지. 문병을 온 문수보살은 유마 거사에게 '당신의 병은 왜 생겼으며, 병이 난 지는 얼마나 되었으며, 언제쯤 병이 낫겠습니까?'라고 물었다네. 유마 거사가 대답했지.

'문수사리여, 일체 중생이 병들었으므로 나의 몸도 병들었습니다. 그러므로 일체 중생의 병이 낫는다면 나의 병도 나을 것입니다. 왜냐하면 보살은 중생을 위해서 삶과 죽음을 함께하거니와 삶과 죽음이 있으므로 병도 있는 것입니다. 그러므로 만약 중생의 병이 낫는다면 나의 병도 나을 것입니다.'

여보게, 영주. 유마 거사의 병은 바로 중생을 사랑하기 때문에 생긴 병이었다네. 어쩌면 우리가 살아간다는 것은 항상 병을 앓는 것인지도 모르지. 육체의 병이 없다면 마음의 병이 있기 마련이지. 그러니 자네도 유마 거사처럼 중생의 병을 함께 앓으면서 마음 공부를 하도록 하게.

그리고 불교의 핵심이 무엇인지 아나? 그것은 자비야. 즉 일체 중생을 사랑하는 마음이지. 항상 자네 주변에 있는 사람들에게 따뜻한 마음을 베풀게. 그것이 깨달음이지. 자비를 베풀면서 살아가면 지금 당장은 깨달음이 없더라도 언젠가는 반드시 이루어지도록 약속되어 있는 걸세."

영주는 갑자기 목이 말랐다. 자신의 20년 세월을 웃으면서 깨 버리는 이 사람은 누구인가? 영주는 물었다.

"스님, 말씀해 주십시오. 스님은 누구십니까?"

해봉 스님은 오랜 산중의 수도를 통해서 알고 있었다. 이 세상은, 이 대자연은 모두가 형제라는 것을. 여름의 소낙비 속에서 무럭무럭 자라나는 풀잎도, 하얀 눈이 키만큼 쌓인 겨울에 먹이가 없어서 절 뒤꼍으로 찾아오는 지리산의 고라니도, 멧돼지도 모두 인간과 한 형제라는 것을 알고 있었다.

"나는 산중의 고라니와 멧돼지와 한 형제일세. 더 이상 무엇이 되려고도 생각하지 않네. 나는 지리산의 구름이며, 섬진강의 푸른 물결일 뿐, 이제는 아무것도 아닐세. 왜, 자네도 멧돼지가 되고 싶나?"

영주는 스님의 말씀이 너무 놀라웠다.

'아, 아! 마음공부라니. 참선이라니.'

해봉 스님이 말한 '마음 닦는 공부'는 바로 선불교禪佛敎였다. 부처님 이래 불교 수행자들은 이 선의 가르침을 통해서 번뇌의 사슬에서 벗어나 해탈을 성취하였다.

선이라는 말은 고요한 사유, 종교적인 명상, 직관을 뜻하는 산스크리트어의 드히야나Dhyana라는 말이 중국에 불교가 전해지면서 '츠안'이라고 옮겨진 데서 유래되었다.

선은 중국 선종의 초조 보리달마에 의해서 중국에 전해진 이래 독특한 참선 수행과 엄격한 수도 정진으로 동아시아 불교의 대표적인 종파로 큰 발전을 이루게 되었다. 선의 가르침을 수행한 스님들은 '붓다의 가르침을 언어에 의존하지 않고 오직 마음으로 전하며, 사람의 마음을 직접 깨닫게 하여 부처를 이루게 한다'라는 기본 입장과 철저한 청빈과 노동을 실행하는 선종의 독자적인 수도 규칙을 세우고 이를 실천하여 왔다. 즉 선은 이론보다도 실천을 중시하는 체험 불교이며, 깨달음의 불교였다.

우리나라에서는 신라 말엽 수많은 스님들이 중국에 가서 선을 공부하고 돌아와 전국에 구산선문을 세운 이래, 고려의 보조국사 지눌과 태고보우, 조선시대에는 서산대사라 부르는 청허휴정 등 수많은 선승들을 배출해 왔다. 우리나라 불교사에 그 이름을 남긴 많은 고승들이 선을 통해서 깨달음을 얻는 선승들이었던 것이다.

　다음 날 해봉 스님은 장삼자락 휘날리면서 휘적휘적 뒤도 돌아보지 않고 떠났다. 영주는 떠나는 스님의 뒷모습을 오랫동안 바라보며 지금껏 자신의 그림자에 속아 살아왔다는 것을 알았다.

　영주는 '이제 더이상 세속의 허상에 속지 않으니라'고 생각하며 가슴속에 새로운 물줄기가 흐르는 소리를 들었다. 영주는 가슴속에서 밝게 빛나고 있는 작은 불꽃을 느꼈다.

　훗날 그 작은 물줄기는 드넓은 바다가 되어 온 세상을 덮게 되었다. 그리고 그 작은 불꽃은 활활 타올라 온 세상을 밝게 비추는 횃불이 되었다.

　남녘의 산과 들, 강을 건너서 불어오던 바람이 더욱 거세어진 듯 묵곡리의 대나무 숲은 그렇게 밤새도록 서걱거리며 흔들리고 있었다.

먼 여행의 예고

그해 겨울, 몇 번인가 폭설이 내린 뒤 날씨가 풀리면서 겨울이 가고 있었다. 영주는 겨울 내내 방에 틀어박혀 경전을 읽었다. 특히『벽암록』『무문관』과 같은 선禪에 관한 책을 읽으면서 깨달음을 얻기 위해 목숨을 걸고 참선했던 옛 스님들의 수행을 알고 숙연함을 느꼈다.

불교의 수행법으로 전해져 온 선은 해봉 스님이 말한 '마음 닦는 공부법'이었다. 그리고 깨달음의 길이었으며 진리에 대한 직접적인 탐구였으며 실천이었다. 영주는 차츰 불교의 가르침에 자신의 마음이 끌리고 있음을 알았다.

아내 덕명은 하루 종일 책을 읽으며 생각에 잠겨 있는 영주를 수심 어린 눈으로 바라보았다. 덕명은 해봉 스님이 다녀간 뒤로 남편이 예전과는 많이 달라졌다고 생각했다. 남편의 얼굴에서는 어두운 그림자가 사라졌지만 대신 무슨 일에 전념하는 듯한 집념이 서려 있다는 것을 알았다.

겨우내 얼어붙었던 들판이 푸릇푸릇한 새 옷으로 갈아입던 어느 봄날, 긴 산책에서 돌아온 영주는 한 권의 불경을 집어 들고 책갈피로 표시해 둔 곳을 펼쳤다.

"비구들이여, 모든 것은 불타고 있다. 치열하게 타오르고 있다. 깨달음을 구하는 그대들은 먼저 이를 알아야 한다. 모든 것이 불타고 있다는 것은 무엇인가. 수행자들이여, 사람들의 눈이 불타고 눈의 대상도 불타고 있다. 사람들의 귀가 불타고 귀의 대상도 불타고 있다. 사람들의 혀가 불타고 혀의 대상도 불타고 있다. 신체가 불타고 신체의 대상도 불타고 있다. 또한 사람들의 마음도 불타고 있으며 그 마음의 대상도 불타고 있다. 수행자들이여, 이들은 무엇에 의해 타고 있는가. 그것은 탐욕의 불길에 의해 타고 있으며, 분노와 증오의 불길에 의해서 타고 있으며, 또한 태어남과 늙음과 병듦과 죽음의 불길에 의해서 타고 있으며, 근심과 걱정, 괴로움, 번뇌의 불꽃에 의해 타오르고 있는 것이다."

영주는 이 구절의 의미를 분명하게 알 것 같았다.

'모든 것은 욕망의 불꽃, 번뇌의 불꽃에 의해 타올라서 이윽고 차가운 재로 변하는 것이다. 그런데도 사람들은 이 뜨거운 불꽃 속에서 몸과 마음을 그슬리며 오히려 기뻐하고 날뛰지 않은가. 이미 결혼한 나 또한 자신도 모르게 그 불꽃 속에서 춤을 추고 있는 것은 아닐까. 그것은 정말 괴로운 일이다.'

영주는 이 부분을 다시 읽었다. 읽으면 읽을수록 그 의미가 명료해지는 가르침이었다. 인간은 영원하며 지속적인 행복을 구하지만 결코 만족할 수 없는 목마름으로 번뇌와 욕망의 불길에 시달리다가 덧없이 소멸해 가는 존재인 것이다.

영주는 부처님을 생각했다. 부처님은 기원전 6세기경에 인도 한 왕국의 왕자로 태어나서 인생의 의문을 해결하기 위해 출가하여 크게 깨달음을 얻었다. 그는 중생들에게 지혜와 자비의 진리를 설하였으며 대자유인으로 살다 가신 분이다.

영주는 부처님이 인간의 슬픔을 깊이 알고 계신 분이라는 생각과 함께 그토록 큰 슬픔을 알고 계신 분이라면 그 슬픔에서 벗어나는 길도 알고 계시리라는 생각이 들었다. 그리고 자신도 머지 않아 자신의 그림자와 부질없는 싸움을 끝내고 참된 자신을 깨닫기 위해서 부처님의 가르침을 따르고 구하게 될지도 모른다는 예감이 들었다.

영주는 만상이 고요하게 잠든 밤이면 홀로 달빛에 젖어서 산과 들을 거닐며 자문했다. 집안은 왠지 답답했다. 부처님의 말씀대로 자신의 번뇌가, 마음이 활활 불타오르고 있는 것 같았다.

'불교란 무엇인가? 혹시 부처님이 설했다는 해탈의 진리야말로 내가 찾는 영원한 것에 대한 가르침이 아닐까. 그렇다면 그 길을 가야만 하리라. 하지만 출가하여 스님이 되면 아내와 부모님, 동생들을 모두 버리고 떠나야 하지 않은가? 해봉 스님은 나에게 출가하지 않고서도 깊은 불도의 경지를 이른 유마 거사와 같은 사람이 될 수 있다고 말씀하셨지만, 어떻게 세속에서 부처님의 가르침을 따를

수 있단 말인가?'

영주는 매일 밤마다 한밤의 고요 속에 잠긴 산과 들녘을 걸어 다녔다. 햇빛 아래서 스물거리던 대자연이 잠든 한밤의 산책은 아무도 관여하지 않는 고독을 누릴 수 있어서 좋았다. 영주는 낮보다는 한밤의 어둠 속에서 모든 사물의 실체가 더욱 선명하게 드러난다고 느꼈다. 뒷산 숲속에서 우는 부엉이의 울음소리를 들으며 집에 돌아온 영주는 잠든 아내의 얼굴을 물끄러미 바라보며 깊은 한숨을 내쉬었다.

덕명은 남편이 밤마다 산책나가는 것을 알고 있었다. 새벽녘이 다 되어 돌아오는 남편을 기다리는 덕명은 남편의 산책이 서서히 자기 곁을 떠나려는 긴 여행의 예고라는 것을 짐작하고 있었다. 밤마다 이어지는 아들의 산책을 눈치챈 이상언은 며느리 덕명을 불렀다.

"아가, 네 남편은 밤마다 어디를 그렇게 다니는 거냐. 그 아이가 원래 밤에 산책 다니는 버릇이 있긴 하지만, 이제 장가까지 든 놈이 무슨 청승이여. 네가 그 아이 마음 속을 단속해야겠구나. 어떻게 해서든 그 아이 마음 좀 붙들어라."

덕명은 시아버지 앞에서 고개를 숙인 채 아무 대답도 하지 못했다. 그녀는 남편이 조만간 먼 여행을 떠나리란 걸 알고 있었기 때문이다.

"허. 참!"

이상언은 답답하다는 듯 헛기침을 하며 먼 하늘을 바라보았다.

세속의 길, 열반의 길

1934년 봄. 이제 스물 세 살에 접어든 영주의 귓가에는 바람이 몹시 불던 대나무 숲속에서 해봉 스님으로부터 들었던 이야기가 계속 울려왔다.

"영주, 자네가 생각하는 만고 불변의 영원한 진리란 없네. 이 세상에 영원한 것은 아무것도 없다네. 모르지. 영원한 것이 있다면 그 영원한 것이 없다는 제행무상의 법칙이겠지. 자네 그림자와 내 그림자를 보게. 과연 저 그림자가 우리 것일까? 아니지. 자네의 마음속에서 울려 나오는 질문은 저 그림자와 같은 것이야. 그 질문들을 풀기 위해서는 그림자가 아니라, 그 그림자를 만드는 마음을 바로 보아야 하네. 마음 닦는 공부를 하면 그 질문들은 화롯불에 떨어지는 눈송이처럼 녹아 없어지게 되지."

"스님, 마음 닦는 공부는 무엇입니까. 어떻게 마음을 닦아야 합니까?"

"마음 닦는 공부는 범부가 부처되는 공부라네. 마치 저 달을 보려면 달을 가리키는 손가락을 보아서는 달을 볼 수 없는 것처럼 직접 마음을 깨달아야 부처가 되지. 부처란 완성된 인격이 아니겠나. 사람이 인격을 완성하기 위해서 공부를 하지만 어디 공부만으로 인격을 완성할 수 있을까. 이리저리 손해와 이익, 잘잘못을 따지는 공부는 그 바탕부터 집착으로 오염되어 있지 않은가. 그러니 오염된 지식으로 이 세상을 더욱 오염시키면서도 서로 잘났다고 아귀다툼이지. 참다운 지식이란 머리에 든 지식이 아니라 마음의 지식이네. 그리고 지식보다 더 중요한 것은 진실된 삶을 사는 걸세. 그러나 중생들은 본래 부처인 그 마음의 참된 성품을 잊고 오랜 세월 중생 노릇하면서 익힌 업대로 꼭두각시처럼 살기 때문에 살아도 진실로 사는 것이 아니야.

모두 꿈속에서 살아가고 있는 거지. 자네의 그 질문들도 꿈속의 질문이네."

해봉 스님의 말씀대로 시간의 지배를 초월한 만고 불변의 영원한 진리는 없는 것인지도 몰랐다. 그러나 한 가지 분명한 것은 그 '영원한 것은 무엇인가?'라고 묻는 질문 자체는 그 존재 여부가 불투명한 '영원한 것'보다 더 영원한 것이어서 이 질문에 관한 해답을 얻음으로써 비로소 영주는 스스로 세운 영원한 정신의 왕국을 세울 수 있을 것이다. 그리고 영주는 스스로 그 영원한 왕국의 군주로 군림할 수 있을 것이다.

영주는 지금까지 자신이 쌓아 올린 독서와 명상의 탑보다 더 높고 깊은 선의 세계가 있음을 알았다. 자신이 이제 막 발견한 마음 닦는 공부는 해봉 스님의 말씀대로 머리로 판단하는 지식이 아니라 마음으로 이해하는 지식이었으며, 깨달음에 이르는 길이었다.

영주는 자신의 지난 날들이 떠올랐다. 선의 길을 갈 수만 있다면, 깨달음을 얻을 수 있다면, 그 난해한 의문들도, 그토록 잠 못 들던 숱한 밤들의 고뇌도 모두 사라지고 말 것이다. 우리가 비록 어리석어서 어두운 미망 속을 헤매인다 하더라도 본래 부처인 이 마음은 이미 모든 것을 다 알고 있다는 것을 선은 가르치고 있었다. 그래서 선의 길을 걸어갔던 옛 선승들은 "그대 자신의 불성을 스스로 증득하라"고 말했던 것이다.

영주에게 선의 가르침은 더이상 낯선 목소리가 아니었다. 그러나 아무리 선에 관한 지식이 풍부하더라도 실천이 따르지 않는다면, 깨닫지 못한다면, 아무리 배가 고파도 먹을 수 없는 그림 속의 떡과 같은 것이다. 그리고 한번 의문을 품으면 반드시 그 해답을 얻을 때까지 매달리는 영주의 단호한 성격은 선에 관한 지식만으로는 만족할 수 없었다. 직접 그 길을 걸어가야 한다고 생각했다. 그러나 어떻게 그 길을 갈 수 있다는 말인가?

영주는 깊은 생각 끝에 집에서 가깝고 자신의 집안과도 친분이 있는 대원사에 가 있으면서 가늘어질 대로 가늘어진 자신의 신경도 좀 다스리고 자신의 탐구에 대해서 생각해 보기로 했다.

영주는 아버지가 있는 사랑방으로 조용히 걸음을 옮겼다.

"아버님, 저 영주입니다. 여쭐 말씀이 있습니다."

"그래, 어서 들어오너라."

"아버님. 당분간 대원사에 가서 생각도 정리할 겸 좀 쉬었으면 합니다."

아버지는 뜻밖의 이야기를 듣고 놀라지 않을 수 없었다. 지난 가을 해봉 스님이 다녀간 뒤로 얼굴도 많이 밝아지고 며느리와 집안 일에도 마음을 붙인 것 같아 보이던 아들이었다. 그런데 갑자기 절에 가서 쉬고 싶다니.

이상언은 아들의 얼굴을 물끄러미 바라보았다. 전과 다르게 밝고 침착한 얼굴이었지만 두 눈에서는 까닭을 알 수 없는 고요한 정열이 반짝이고 있었다. 그는 아들의 눈빛이 왠지 모르게 낯설게 느껴졌다.

"그래, 얼마 동안이나 가 있으려고 하느냐?"

"한 보름 정도 가 있고자 합니다."

이상언은 아들의 마음을 알 것 같았다. 이제 이 아이는 생각을 모두 정리하고 지아비로서, 맏아들로서 역할을 다하기 위해 시간이 필요하리라고 생각했다.

"음…, 그렇다면 다녀오도록 하여라. 옛날 선비들도 공기 좋고 복잡한 세상 일을 잊어버릴 수 있는 절에 가서 과거 공부를 했지. 이제 곧 봄 농사가 시작되니 절에 다녀와서부터는 집안 일에 마음을 단단히 붙이도록 하여라. 네 처에게도."

"네, 아버님."

이상언은 아들에게 시간을 주기로 하였다. 어머니 강상봉은 절에 가서 쉬고 싶다는 아들의 이야기를 듣고 선선히 말했다.

"그래, 그렇게 책을 많이 읽었으니 머리 좀 쉬어야지. 요즘 들어 몸도 많이 허약해진 것 같구나. 가서 푹 쉬면서 건강을 살피도록 해라. 남자건 여자건, 무엇보다 건강이 우선이지. 내가 대원사에 사람을 보내 방 하나만 내 달라고 부탁하마."

"아닙니다, 어머니. 그냥 제가 가서 며칠 쉬어 가겠다고 주지 스님께 부탁을 하겠습니다."

영주는 다음 날, 자신이 보던 책 몇 권과 쌀, 옷가지 등을 챙겨서 대원사로 떠났다.

신라 진흥왕 때 연기조사가 창건했다는 대원사는 묵곡리에서 가까운 지리산 기슭에 있는 고찰이다. 대원사의 규모는 그렇게 크지는 않지만 고색창연한 건물들과 절 옆으로 흐르는 맑은 계곡물이 영주의 마음에 들었다. 영주는 주지 스님을 찾아뵙고 며칠 쉬면서 책을 좀 읽고 싶다고 말했다. 한눈에 영주를 알아본 50대 초반의 주지 화산 스님은 반가워하며 말했다.

"아니, 묵곡리 율은 선생의 큰아드님이 아닙니까. 어서 오시지요. 미리 기별이라도 하였으면 마중이라도 나갔을 텐데요."

영주는 화산 스님의 배려로 제법 큰 방에 묵게 되었다. 아무런 가구도 없이 방석과 작은 책상, 이부자리 한 채만 놓여 있는 방이었다. 방금 도배를 한 듯 보이는 무색의 한지가 방을 더욱 정갈해 보이게 했다.

"그럼, 젊은 거사님께서는 이 방에 묵으시고 불편한 점이 있으면 저에게 말씀해 주십시오."

"네. 스님, 감사합니다."

영주는 자신을 '젊은 거사'라고 부르는 화산 스님에게 호감이 갔다. 거사는 출가하지 않고 집에서 수행하는 남자 신도를 가리키는 호칭이다.

방문을 열자 저 멀리 지리산의 높은 봉우리들이 한눈에 들어왔다. 산등성이에는 아직 채 녹지 않은 잔설들이 희미한 빛을 발하고 있었다. 그러나 봄이 깊어지면 이내 녹아 버릴 눈이었다. 깊은 산속의 저녁 나절은 어스름과 무거운 정적을 삽시간에 몰고 왔다.

다음 날 창호지의 빛깔이 점차 파랗게 물들면서 산사의 첫날이 밝았다. 마당 쓰는 소리가 들렸다. 속세를 떠난 사람들이 머무는 절에는 속세와 똑같이 청소와 빨래, 밥 짓는 일과 땔감을 마련하는 일로 하루를 열고 있었다. 하지만 영주는 알았다. 그것은 속세처럼 매번 단순히 반복되는 일상생활이 아니라 피안을 향해서 나아가는 여로라는 것을.

영주는 언젠가 경호강변의 저녁놀 속에 서서 소멸에 대해서 명상하던 기억을 떠올렸다. 소멸은 생명이 시간과 함께 사라지거나 없어지는 것이었다. 그러나 이제 영주는 소멸이 없이는 아무 것도 이루어지는 것이 없다는 것을 스님들의 생활을 지켜보며 알게 되었다. 죽음으로 가는 일상의 소멸이 아니라 영원한 삶으로 가는 일상의 소멸은 아름다운 것이다.

영주는 화산 스님의 만류를 뿌리치고 스님들과 함께 절 마당을 쓸었다. 빗자루가 한 번 지나갈 때마다 뜰은 깨끗해졌다.

'아아, 인간의 번뇌도 이렇게 깨끗이 쓸어낼 수 있다면….'

영주는 보리와 조를 섞은 거친 잡곡밥에 무김치와 된장국뿐인 아침 공양이었지만, 청량한 산 기운과 아침 청소 때문인지 집에서보다 몇 배 맛있게 먹었다.

산중의 아침 햇살은 눈리 시리도록 맑았다. 영주는 얼음이 녹아 흐르기 시작하는 계곡의 오솔 길을 따라 걸어 다녔다. 집에서는 누릴 수 없었던 상쾌한 기분으로 절에 돌아왔을 때 화산 스님이 그를 불렀다.

"아직 날씨가 춥습니다. 저하고 잠깐 가실까요. 보여드릴 곳이 있습니다. 젊은 거사님이 이 산중에 홀로 와 계시니 심심하실 것 같아서요."

영주가 따라간 곳은 방 안 가득히 옛날 책들이 쌓여 있는 법당 옆의 작은 방이었다.

"일전에 제가 들으니 젊은 거사께서는 어렸을 때부터 신동으로 그 명성이 인근에 자자했을 뿐만 아니라 학문도 높고 불교에도 깊은 이해를 갖고 있다고 하더군요. 이 방에 있는 책들은 옛날부터 이 절에 머물며 공부하던 스님들이 보시던 불경과 조사들의 어록입니다. 젊은 거사님도 따분할 때는 언제든지 이곳에 와서 책을 보시지요."

영주는 자신을 생각해 주는 스님의 배려가 고마웠다. 그러나 자신의 학문이 높다는 소문에는 실소를 금할 수 없었다. 어떤 사람들은 영주가 책을 너무 많이 읽어서 머리가 이상해진 나머지 밤마다 산으로 들로 헤매고 다닌다는 소문을 장터에서 들었다고 했다. 소문이란 정말 그렇게 터무니없는 것이었다.

"네, 스님. 이거 정말 감사합니다."

그날부터 영주는 경전이 쌓여 있는 방에 틀어박혀서 책을 읽었다. 특히 송나라 때의 선승 대혜 선사의 서간문을 모아 놓은 『서장』과 선종의 초조 보리달마의 법문을 모아 놓은 『이입사행론』은 읽을수록 마음에 드리운 그늘이 걷히는 것 같아 읽고 또 읽었다. 그 책들은 화산 스님의 말처럼 '따분할 때' 보는 책들이 아니었다. 영주는 보리달마와 중국의 천자 양무제가 나눈 이야기를 『벽암록』에서 인상 깊게 읽었다.

서기 6세기경. 중국 남부에 도착한 인도의 스님, 보

리달마는 당시 중국의 천자였던 양무제의 초청을 받아 그의 궁전을 방문했다. 불교 교단을 열심히 후원하던 양무제는 이 외국인 승려에게 거만하게 물었다.

"짐은 즉위한 이래 수많은 절을 짓고 경전을 간행하였으며 스님들의 수행을 후원하여 왔소. 이런 짐에게 어떤 공덕이 있겠소?"

보리달마는 무심히 말했다.

"공덕이 전혀 없습니다."

비판이란 그 언사가 간단 명료할 때 더욱 엄중하게 들리는 법. 보리달마의 찬사를 기다리던 양무제는 당황하며 다시 물었다.

"어째서 짐의 공덕이 전혀 없다고 하는가?"

"그 공덕이란 속세에서나 갈구하는 덧없는 것이고, 그 결과 역시 조금씩 새어 나오는 샘물에 불과할 뿐입니다. 그림자가 실재하는 듯이 보이지만 그것이 실체가 아니듯이 공덕을 갈구하는 것 또한 허상일 뿐입니다."

혼란에 빠진 양무제는 자신의 귀를 의심할 정도로 당황했다. 게다가 이 사람의 말투는 무뚝뚝함을 넘어서서 황제로서 자신의 권위와 그동안 자신이 알고 있는 불교의 존재까지 거침없이 부정해 버리는 거센 힘이 담겨 있었다.

'이 사람은 도대체 누구인가?'

양무제는 도저히 알 수 없었다.

"좋다. 그렇다면 당신이 생각하는 공덕이란 무엇인가?"

"진정한 공덕은 청정한 지혜의 완성에 있으며, 지혜의 본질은 형상을 초월하여 고요하고 평화로운 것입니다. 진정한 공덕은 세간의 방법으로는 추구되지 않는 것입니다."

양무제는 점점 화가 나기 시작했다. 그는 이처럼 괴상한 이야기를 태연히 지껄이는 보리달마의 견식이 얼마나 넓은지 알아보고 싶었다.

"그렇다면 무엇이 성스러운 진리의 으뜸가는 원칙인가?"

보리달마는 잠시 동안 말이 없었다. 양무제는 회심의 미소를 지었다.

'그러면 그렇지. 외국에서 온 이 돌중이 감히 중국의 천자인 나를 무시하다니.'

그러나 보리달마는 간단히 대답했다.

"진리는 넓고 커서 아무것도 성스러울 것이 없

습니다."

'진리가 아무것도 성스러울 것이 없다니!'

양무제는 불교의 진리마저 부정하고 있는 이 인물에 대해서 더 이상 참을 수가 없었다. 결국 화가 난 양무제는 독기 어린 목소리로 물었다.

"짐을 대하고 있는 그대는 도대체 누구인가?"

달마는 대답했다.

"나도 모르겠습니다!"

영주는 이 두 사람은 처음부터 대화가 될 수 없다고 생각했다. 처음부터 다른 인생을 살고 있는 사람들이었던 것이다. 한 사람은 선의 깨달음을 체득한 부처와 같은 사람이며, 한 사람은 권력의 영광에 사로잡힌 이기주의자였다.

양무제의 궁전에서 나온 보리달마는 양자강을 건너서 위나라의 숭산 소림사에 은둔한 채 9년 동안 면벽 수행에 들어갔다. 이때 달마의 명성을 듣고 찾아온 혜가에게 깨달음의 등불이 전해지고 이어지는 승찬, 도신, 홍인, 혜능과 같은 큰스님들에 의해서 중국 선종의 기초가 형성되어갔다.

영주는 '진정한 공덕이란 청정한 지혜의 완성

에 있다'는 보리달마의 말을 몇 번이고 되뇌어 보았다. 영원한 진리의 완성은 세속적인 행위를 통해서는 추구되지 않는 것이다. 그럼에도 영주는 지금까지 쉴 새 없이 변하는 부정확한 '나'의 그림자에 사로잡혀 그 위에 영원한 정신의 제국을 세우고자 했던 것을 새삼 알게 되었다.

대원사의 주지 화산 스님은 처자식을 거느린 대처승이었다. 1910년 자신들의 야욕을 감추고 한국을 강제로 병합한 일본은 조선시대 이래로 극도의 핍박을 받아 쇠약해진 한국불교를 정치적으로 이용하기 위해 여러 가지 방법으로 스님들의 환심을 샀다.

　　그들은 스님들을 일본으로 초청하여 일본 불교계를 시찰하게 하고 일본 승려들을 한국에 파견하여 절을 세우기도 했다. 불교 문화와 정신이 한국인들의 혼을 이루어 왔다는 것을 간파한 일본은 한국불교를 억압하는 방법 대신, 조선의 승려들을 일본 승려들처럼 결혼시키고 세속화시킴으로써 한국불교의 맥을 끊고자 했던 것이다.

　　이에 많은 승려들이 결혼하여 가족을 부양하면서 절을 지켰다. 화산 스님도 그들 대처승 중의 한 사람이었다. 대원사에 머문 지 닷새째 되던 날, 영주는 화산 스님과 마주 앉아 작설차를 마셨다.

"책을 열심히 읽으시더군요. 과연 듣던 대로 침착하고 기상이 뛰어나신 분 같습니다. 저 같은 대처승이 달리 드릴 말씀이 없습니다만, 거사님 같이 훌륭한 재목이 속세에서 사시기에는 너무 아깝다고 생각됩니다. 그래서 드리는 말씀인데…출가하여 승려가 되지 않더라도 해인사에 가셔서 하동산 큰스님을 한번 뵙고 참선 공부를 해보시는 것이 어떻겠습니까. 제가 해인사에 기별은 해놓겠습니다. 거사님은 부처님과 인연이 깊은 분입니다."

영주는 오랜 연륜이 남겨 준 주름살이 깊이 패여 있는 화산 스님의 얼굴을 바라보며 이 스님이 자신의 마음을 꿰뚫어 보고 있다고 생각했다.

그날 밤, 영주는 가까운 곳에서 들려오는 계곡 물소리를 들으며 밤새도록 꼿꼿이 앉아 있었다. 간간이 산짐승들의 울부짖는 소리가 바람을 타고 들려왔다. 영주는 그 자신의 내면에서도 길을 찾아서 울부짖는 외침을 들을 수 있었다. 가슴이 타오르는 듯 뜨거워짐을 느낀 영주는 읽고 있던 보리달마의 『이십사행론』을 내려놓고 밖으로 나갔다.

검푸른 별의 바다가 밤하늘 가득 일렁이고 있었다. 유성이 간간이 포물선을 그리며 떨어져 내렸다. 영주는 삶이란 저렇듯 밤하늘을 찬연하게 수놓으며 소멸해 버리는 유성과도 같은 것이라고 생각했다. 인간은 유성이 오랜 세월 고독한 빛의 여행 끝에 감당할 수 없는 속력으로 자기의 궤도를 벗어나 추락하는 것처럼 소멸해 버리는 것이었다.

영주는 그동안의 멀고 가까웠던 모든 만남이 영원한 것이 아니라고 슬퍼하면서도 이제 저 유성들처럼 세속의 모든 것들과 헤어질 때가 다가오고 있음을 조용히 깨닫고 있었다.

밤은 그렇게 지나가고 새벽을 깨우는 목탁소리가 들려왔다. 화산 스님은 우렁차게 『천수경』을 독경하며 도량석을 돌고 있었다. 도량석은 아침 예불을 시작하기 전에 도량을 청정히 하고 잠들어 있는 모든 중생들에게 하루가 다시 시작되었음을 알리기 위해 염불을 하면서 도량을 도는 의식이다.

중생무변서원도衆生無邊誓願度

번뇌무진서원단煩惱無盡誓願斷

법문무량서원학法門無量誓願學

불도무상서원성佛道無上誓願成

중생이 가이없지만 마침내 모두 건지리다.
번뇌가 끝없지만 마침내 모두 끊으리다.
법문이 한량없지만 마침내 모두 배우리다.
불도가 위없이 드높지만 마침내 모두 이루리다.

영주는 화산 스님의 염불소리에 귀를 기울였다. 그
의 염불소리에는 지금 당장은 아니더라도 한 걸음
한 걸음 부처님을 향해 걸어가면서 진리를 구하겠
다는 수행자의 서원이 깊이 담겨 있었다.

영주는 마침내 자신의 장대한 운명이 기다리
고 있는 부처님의 도량에 발을 딛고 있었다. 그러
나 그런 영주의 눈앞에 몇 개의 얼굴들이 큰 파문
을 일으키며 지나가고 있었다. 부모님과 아내 덕명
의 얼굴이었다.

대원사에서 돌아온 영주를 맞이한 부모님은 아들
의 귀가를 몹시 기뻐했다. 영주는 덕명이 며칠 사
이에 많이 수척해졌다고 생각하며 가슴이 저려옴
을 느꼈다.

95

그날 저녁 온 식구가 모여 앉은 자리에서 영주는 조용히 입을 열었다.

"아버님, 저는 이제 해인사에 가서 마음 닦는 공부를 하고 싶습니다."

이상언은 아들의 이야기를 듣는 순간 가슴에 못이 박히는 듯한 충격을 받았다.

"지금 그 소리는 혹시 중이 되겠다는 말은 아니겠지. 인제부터는 니 맘대로 못한다. 니 처를 봐라. 죄없는 니 처를 두고 어디로 또 가겠다는 말이냐. 인제부터는 마음을 굳게 잡고 집안 일을 할 때가 아니냐?"

아들의 귀가에 함박웃음을 짓던 강씨 부인이 나섰다.

"마음 닦는 공부라는 것이 뭐냐? 나는 네가 하는 공부는 잘 모르겠다만, 니 하나만 좋자고 하는 공부는 쓸데없다. 그리고 대원사처럼 가까운 절 놔두고 왜 멀리 있는 해인사까지 가려고 하느냐?"

영주는 해인사에 가고픈 자신의 마음을 열심히 설명했다.

"어머님, 해인사에는 스님들만 모여서 공부를 하는 것이 아니라 신식 학교 교육을 마친 청년들도

머리를 깎지 않고 모여서 여러 가지 공부를 한다고
합니다. 저도 해인사에 가서 마음 닦는 공부에 당
분간 전념하고 싶습니다."

"당분간이라고 했느냐?"

약간 부드러워진 아버지의 음성이었다.

"그러면 해인사에 가서 좋은 친구들도 사귀고
건강도 챙기면서 좀 있다 오너라. 중 된다는 생각
이 있는 것은 아니겠지?"

"네, 아버님. 당분간만 있다 오겠습니다."

"언제 떠나겠느냐?"

"네. 며칠 동안 집안일도 보면서 공부할 준비를
한 다음 떠나겠습니다."

그날 밤 덕명과 영주는 오랫동안 말없니 앉아
있었다. 아내 덕명은 출가를 결심한 영주의 뜻을
이미 알고 있었고, 그의 결심을 막을 수 없다는 것
도 알고 있었다.

"당신이 늘 집에 계셔 주시기 바라는 것은 아니
지만 구하는 것을 얻으신 후에는 꼭 돌아오셔야 합
니다. 저는 기다리고 있겠습니다."

덕명의 두 뺨에는 눈물이 흘러 내렸다.

"여보, 미안하오. 세상 일에 익숙하지 못한 나

를 용서하구려. 부모님은 당신이 잘 모시리라 믿겠소."

　며칠 후 영주는 덕명의 오랜 전송을 받으며 묵곡리를 떠났다. 그리고 그의 생애에서 다시는 묵곡리 땅을 밟지 않았다.

홀로 걸어가리라

가야산 해인사는 산세가 웅장하고 수려할 뿐만 아
니라 불교의 모든 경전을 집대성한 팔만대장경이
봉안되어 있는 법보 사찰이다. 또한 절 동구 밖의
홍류동 계곡은 가을이면 단풍의 붉은 빛이 계곡 사
이로 흐르는 물에 비쳐 아름다운 빛살을 이루며 흐
른다는 데에서 계곡 이름이 유래될 만큼 경치가 뛰
어난 곳이다.

　신라 예장왕 3년(802년) 순응, 이정 두 스님에 의
해서 창건된 이래 천여 년이 넘도록 수많은 고승
대덕들이 머물며 불도에 몸을 바친 절에서 그들의

뒤를 이어가기 위해 한 젊은이가 지금 찾아가고 있었다.

영주는 가야산의 웅장한 산자락에 둘러싸인 해인사에 들어서면서 세속의 언어로는 표현할 수 없는 선의 기상을 느꼈다. 역사란 사람들의 체험이 투영되어 이루어지는 것. 해인사는 오직 깨달음의 길을 걸어갔던 수많은 선승들의 역사가 스며 있는 절이었다. 그들은 가야산의 광활한 기운을 호흡하며 한여름의 뜨거운 볕을 그을리면서, 겨울의 거센 눈보라 속을 헤치며, 가을의 우수에 젖으며, 홍류동의 긴 숲을 지나 해인사 산문을 찾아들었다. 그리고 고독의 거울 앞에 마주앉아서 마음의 붓다를 응시했던 것이다. 그들에게 그밖의 다른 인생은 아예 없었다.

영주는 구광루 앞마당에서 산책하는 스님을 만났다. 영주는 스님께 합장하고 인사를 올리며 물었다.

"스님, 저는 동산 스님을 뵙고자 왔습니다. 동산 스님께서는 어느 방에 계시는지요?"

이미 중년을 넘어 노년에 접어든 듯 보이는 스님은 형형한 눈빛으로 영주를 바라보았다.

"날세. 내가 동산이네. 자네가 대원사의 화산이 말하던 이영주라는 청년인가?"

"네. 스님, 제가 이영주입니다."

"잘 왔네. 여기 머물면서 마음 닦는 공부를 열심히 해보도록 하게. 마음을 닦는 참선 공부는 세상의 모든 공부 중에서 가장 어렵고 큰 공부지. 자, 그럼 나를 따라오게."

해인사 조실인 동산 스님은 영주를 퇴설당으로 데려갔다. 스님의 방에는 아무것도 없었다. 단지 방석 한 개가 자리를 지키고 있을 뿐이었다.

영주는 그동안 자신이 생각하고, 공부해 온 바를 동산 스님께 말씀드리고 가르침을 청했다. 영주의 이야기를 묵묵히 듣고 있던 스님은 한참 만에 입을 열었다.

"부처님의 가르침에서는 나고 죽는 생사의 굴레를 벗어나서 본연의 대자유를 깨닫는 것이 중요하다. 생사가 있으매 번뇌와 고통이 따르고 여러 가지 나쁜 업을 지어서 영원히 윤회의 고통에서 벗어나지 못하는 것이니라. 부처님은 윤회의 굴레에서 벗어나신 분으로 중생의 스승이시니라. 그렇다면 우리 중생은 어떻게 윤회의 고통에서 벗어나 부처가 될 수 있을까. 부처란 깨달은 사람이다. 마음을 깨달으면 바로 부처이니 마음을 깨닫기 위해서는 참선을 해야 하느니라. 참선이란 마음의 진리를 깨우친 옛 조사 스님들의 공안을 참구하는 것이니 아무리 무릎이 아프고 여러 가지 번뇌가 일어나더라도 이에 굴복함이 없어야 하느니라. 그대는 초연한 기상과 깨달음을 갈구하는 생각이 깊으니 게으름 없이 노력하면 반드시 깨달음을 얻으리라. 내이제 그대가 참구할 공안을 일러주겠다.

옛날 당나라에 조주라는 스님이 계셨다. 이분은 큰 깨달음으로 모두들 '조주고불趙州古佛'이라고 불리울 만큼 그 이름이 높았지. 어느 날 한 스님이 조주 스님에게 물었다.

'부처님께서는 일체 중생에게 불성이 있다고 하셨는데 개에게는 불성이 있습니까, 없습니까?'

조주 스님은 대답했다.

'무無!'

조주 스님은 왜 개에게는 불성이 없다고 하셨을까? 이것이 자네가 참구할 공안公案이야. 24시간 내내 이 공안을 참구하여 깨달으면 바로 그대의 마음을 깨닫게 되리라."

영주는 자신을 압도하는 스님의 말이 부정할 수 없는 진실이란 것을 믿고 가슴 깊이 새겨들었다.

동산 스님은 세상 일에 무관심하고 인간 세상을 완전히 등진 듯 보이지만 조용한 음성에서 이상하리만치 무거운 여운과 사람을 편안하게 만드는 자애로움이 느껴졌다.

동산 스님이 말씀하신 공안이란 바로 깨달음을 얻기 위해 해결해야 하는 모든 문제 중에서도 근본적인 문제, 즉 진리의 문을 여는 열쇠였다.

공안은 깨달음을 얻은 옛 스님의 법문, 또는 깨달음을 얻게 된 계기가 문답으로 이루어져 후세에 공부하는 규범이 된 것으로 불교에서는 모두 1,700가지의 공안이 있다고 한다. 공안을 깨치기 위해서는 참선 수행을 해야 하는데 이는 지식이나 생각으로 푸는 퀴즈 게임이 아니라 자신의 전 존재를 이 공안을 해결하려는 의지로 바꾸어서 온 생명, 온 힘으로 부딪혀야 하는 어려운 수행인 것이다. 때문에 선문禪門에서는 공안을 가리켜 진리를 설하는 모든 언어의 우두머리라는 의미에서 화두話頭라고도 한다.

영주는 동산 스님의 배려로 아직 머리를 깎지

않은 속인의 신분으로 스님들이 참선하는 선방에 입방하여 스님들과 함께 참선을 시작했다.

영주의 선방 입방은 동산 스님의 파격적인 대우였다. 원래 선방에는 경전 공부를 다 마친 스님들만이 들어갈 수 있었다. 그러나 진리를 갈구하는 청년 영주의 빛나는 눈에서 한국불교의 미래를 본 동산 스님은 영주에게 그런 배려를 베푼 것이었다. 동산 스님은 내심 '저 청년을 잘 가르치면 부처님의 법을 천하의 중생들에게 전할 훌륭한 그릇이 될 수 있으리라'고 생각했던 것이다. 하지만 생각이 부족한 다른 스님들은 영주의 선방 입방을 몹시 못마땅하게 여겼다.

"요즘 세상 많이 좋아졌어. 머리도 깎지 않은 애숭이 속인이 선방엘 들어오다니. 별일도 많아."

영주는 그런 스님들의 야유에 전혀 흔들리지 않고 오직 공안을 깨치기 위해 밤낮으로 참선에만 전념하였다. 스님들도 따라갈 수 없을 만큼 뛰어난 정진력으로 수행하는 영주를 본 스님들은 차차 자신들의 좁은 생각을 뉘우치고 경이로운 눈으로 바라보게 되었다.

영주는 그의 모든 것을 공안을 깨우치는 데 걸

고 참선 수행에 몰두하였다. 그것은 어린 시절부터 자신을 그토록 괴롭혀 왔던 자기 내면의 번뇌, 영원한 것에 대한 물음, 그리고 죽음과의 목숨을 건 싸움이었으며, 끊임없이 변해 가는 인생의 덧없음 가운데 '영원한 정신의 왕국'을 세우려는 싸움이었다.

선이란 인생의 진실에 대한 탐구였다. 그러므로 선의 대명제는 '그대 자신의 붓다를 스스로 증득하라'는 것이다. 이 대명제를 자신의 수행을 통해서 해결하지 않는다면 아무리 불교 경전에 관한 지식을 쌓고 있더라도 그것은 언어와 논리의 유희에 지나지 않는 가면 위의 화장과 같은 것이었다. 그래서 선수행은 체험만의 진실을 요구했다. 체험으로써 연마하여 인생의 진실을 밝히는 것이 선禪인 것이다.

그렇다면 영주를 선의 길로 이끈 하동산, 이 스님은 누구인가?

동산 스님은 1890년 2월 25일 충청북도 단양군 단양읍 상방리에서 태어났다. 7세에 마을 서당에 들어가 한학을 해운 뒤, 19세에 단양의 익명학교를 졸업했다. 이어서 서울 중동학교에 입학하여 외국어와 수학을 공부했다. 그리고 의학전문학교에서 기초의학을 연구하다가 육신의 유한함을 깨닫고 24세에 부산 범어사 용성 스님의 문하에 출가하였다. 용성 스님은 당대의 고승이며 3·1 독립운동을 주도한 민족 대표 33인 중의 한 분이기도 하다.

그 후 동산 스님은 오대산의 한암 스님에게 경전을 배우고 금강산, 속리산 등을 오가며 선 수행을 하였다. 또한 40세에는 김천 직지사 천불선원에서 3년간 자리에 눕지 않는 장좌불와 결사를 마치기도 했다. 결사란 수도에 뜻을 둔 스님들이 모여 자신들이 세운 스스로의 규율을 철저히 지키며 불도에 정진하는 것을 말한다.

1934년 범어사 선원에서 정진 중 선원 동쪽의 대나무 숲을 삼매에 젖어 거닐다가 불어오는 바람에 대나무가 서로 부딪치는 소리를 듣고 문득 깨달음을 얻었다.

그 후 범어사와 해인사에 머물며 후학들을 지도하였다. 특히 한국전쟁이 일어나자 전국 각지에서 부산 범어사로 모여든 스님들과 함께 수도에 정진하였으며, 한국전쟁이 끝난 1954년 이후에는 당시까지 혼미를 거듭하던 한국불교의 정기를 바로 잡는 불교정화운동을 지도하기도 했다. 그리고

1958년 대한불교조계종의 최고 어른인 종정에 취임하여 많은 가르침을 펴다가 1965년 사바의 영욕 속에 드리웠던 그림자를 거두고 입적하신 근세 한국불교사에서 손꼽히는 고승이다.

동산 스님은 수행자들에게 계율을 철저히 지키도록 하였으며, 높은 인품과 학덕으로 많은 신도들의 존경을 받던 분이다. 그런 선사와 청년 영주의 만남은 정말 뜻깊은 것이었다.

해인사에서는 많은 스님들과 젊은이들이 동산 스님의 엄격한 지도를 받으면서 불철주야로 정진하고 있었다. 스님들은 삼라만상이 잠에서 깨어나는 새벽 3시에 새벽 도량석 소리를 들으며 일어나 해인사 큰법당인 대적광전에 모였다.

지극한 마음으로 부처님께 돌아가나이다.
삼계를 이끄시는 스승이시여.
뭇생명의 자비로운 어버이이신 우리의 스승 석가모니 부처님께 지극한 마음으로 돌아가 예배드립니다.
큰 지혜를 갖추신 문수사리보살님
큰 실천을 행하시는 보현보살님

큰 자비를 베푸시는 관세음보살님

모든 존귀한 보살님께 지극한 마음으로 돌아가 예배드립니다.

영축산에서 부처님의 가르침을 깨달으신 십대 제자, 십육 성인, 오백 성인, 천이백의 모든 거룩한 아라한, 한량없이 자비로우신 성인들께 지극한 마음으로 돌아가 예배드립니다.

인도에서 중국을 거쳐 우리 해동에 이르기까지 대대로 진리의 등불을 전한 모든 조사님과 티끌처럼 많은 선지식들께 지극한 마음으로 돌아가 예배드립니다.

부처님과 부처님의 가르침, 그리고 부처님의 가르침을 따라 수행하는 스님들의 영원한 자비를 제가 받아 지극한 마음으로 예배하옵나니, 모든 중생이 빠짐없이 부처를 이루기를 바라옵니다.

법당에 모인 스님들은 반드시 불도佛道를 이루어 고통의 바다에서 표류하는 중생들을 구하겠다고 발원하며 예불을 올렸다.

그리고 여름과 겨울의 안거에는 하루에 14시간씩 참선하는 고된 수행을 하였다. 그밖의 남은 시간은 '하루 일하지 않으면 하루 먹지 말라'는 백장 선사의 가르침에 따라 청소와 밭일을 하였다.

안거란 수행승들이 여름과 겨울에 일정한 장소에 모여 참선에 전념하는 기간을 말한다. 여름 안거는 음력 4월 15일에서 7월 15일까지의 석 달 동안이며, 겨울 안거는 음력 10월 15일에서 1월 15일까지의 석 달간이다. 이 결제 기간 동안 스님들은 모든 외출을 금하며 몸과 마음을 정결히 하여 불도에 정진하는 것이다.

영주가 이 결제 기간과 결제가 끝난 해제에도 아랑곳없이 참선에만 전념하는 동안, 홍류동을 붉게 물들이던 단풍잎도 모두 낙엽이 되어 바람 속에 이리저리 날리는 가을이 지나고, 매서운 눈보라가 날리던 겨울도 지나갔다. 어느덧 일 년의 세월이 지나간 것이다.

영주는 봄풀이 돋아나기 시작하는 숲길을 걸어 동산 스님이 있는 백련암으로 향했다. 영주가 동산 스님에게 삼배를 올리고 무릎을 꿇자 동산 스님은 물었다.

"그동안 열심히 정진했느냐? 깨달음의 길은 예리한 칼날 위의 길과 같이 매우 힘들고 고된 길이니라. 그러나 예로부터 많은 조사 스님들이 그 험한 길을 통과해 거룩한 깨달음에 이르러 중생들에게 시원한 그늘을 드리우는 큰 나무가 되었느니라. 그래, 결심은 섰느냐? 어떻게 하려느냐?"

지난 일 년 동안의 목숨을 건 고행으로 영주의 몸은 눈에 뜨이게 야위었다. 그러나 두 눈만은 모든 것을 꿰뚫어볼 듯 예리하게 빛나고 있었다.

"네. 스님, 뜻을 세웠습니다. 저를 제자로 받아주십시오."

두 사람은 더이상 아무런 대화도 나누지 않았다. 그리고 며칠 후 영주는 머리를 깎고 먹물 들인 승복을 입은 뒤 일생을 부처님의 가르침대로 살겠다고 발원하며 사미계를 받았다. 수계식이 끝나고 동산 스님은 말했다.

"장하구나. 이제 너는 더 이상 이영주가 아니니라. 너는 오늘 '성철'이라는 이름으로 새로 태어났으니 이제부터는 사람들이 너를 성철이라고 부르게 될 것이다. 더욱 정진하여 중생들의 스승이 되길 바란다."

성철이라는 이름으로 새로 태어난 그는 세속의 길을 버리고 열반의 길을 걷는 출가 사문으로서의 긴 여정을 시작하게 된 것이다. 출가란 세속의 모든 것을 버리고 집 없는 사람이 되는 것. 성철은 집도, 혈연도, 아내도 모두 버렸다. 오직 부처님 법을 길잡이로 삼아 열심히 정진하지 않으면 안 되는 절대 고독이 그를 기다리고 있었다.

출가를 단행한 성철 스님은 당시 자신의 심경을 다음과 같은 시로 남겼다.

하늘에 넘치는 큰일들은
붉은 화롯불에 한 점의 눈송이요
바다를 덮는 큰 기틀이라도
밝은 햇볕에 한 방울 이슬일세
그 누가 잠깐의 꿈속 세상에
꿈을 꾸며 살다가 죽어가랴
만고의 진리를 향해
모든 것 다 버리고
초연히 내 홀로 걸어나노라.

그래야만 했다. 모든 것을 다 버리고 초연히 홀로 걸어가야 했다. 진리의 탐구자, 즉 출가한 스님은 그 스스로 최고 목표인 해탈에 이르기 위해서 세속적인 모든 욕망을 버리고 초연해질 수 있는 용기를 가져야만 한다. 오랜 수행을 거쳐서 덧없는 쾌락을 거부하고 다른 존재에 대해 스스로 어떠한 감정도 일으키지 않는 비정한 자제심을 길러야 한다.

그가 불태울 수 있는 열정은 오직 진리를 향한 열정뿐이었다. 그리고 스스로 선택한 고된 수행과 정신적 단련의 깊이에 의해서만 그의 목표인 해탈에, 깨달음의 길에 도달할 수 있는 것이었다.

20세기의 한국불교가 배출한 걸출한 선사, 성철 스님은 이렇게 역사의 무대에 섰다. 그때가 1936년 3월 3일, 그의 나이 스물 다섯 살이었다.

물을 건너고 산을 넘어서

영주가 해인사에서 출가하여 스님이 되었다는 소문은 바람을 타고 고향 묵곡리까지 전해졌다. 그러나 영주의 부모님은 아들이 해인사에서 공부하러 간 것일 뿐 출가하여 스님이 되었다고는 생각하지 않았다. 왜냐하면 영주는 집안의 장남이었으며 아내와 딸을 둔 가장이었기 때문이다. 영주가 해인사에 있는 동안 아내 덕명은 딸을 낳았다. 그러므로 더욱 영주의 가족들은 그의 출가를 믿고 싶지 않았던 것인지도 모른다. 하지만 때로는 믿고 싶지 않은 소문이 진실을 몰고 오는 것이다.

어느 날 평화로운 묵곡리에 대원사의 화산 스님이 찾아왔다.

"율은 선생 계십니까?"

"아니, 화산 스님이 아니시오. 어서 들어 가십시다."

이상언은 화산 스님을 사랑채로 안내했다.

"소승이 지금 해인사에서 오는 길인데 그곳에서 아드님을 뵈었습니다."

순간 불길한 예감이 이상언의 뇌리를 스치고 지나갔다.

"그래, 영주 그 아이는 지금 잘 있소? 곧 돌아올 때가 되었는데."

화산 스님은 뭐라고 말하기가 어려웠다. 아들이 출가하여 스님이 되었다는 소식을 들으면 영주의 부모는 얼마나 큰 절망에 빠질 것인가를 생각했다. 진실을 전하는 일은 항상 곤혹스러운 법이다.

"율은 선생, 영주 거사님은 해인사의 동산 스님 문하에 출가하여 성철이라는 법명으로 스님이 되었습니다. 어찌나 열심히 수행을 하는지 주위에서 크게 될 스님이라고 칭송이 자자합니다."

설마했던 아들의 출가 소식을 들은 이상언과

강씨 부인은 자신들의 귀를 의심했다. 이상언은 화산 스님이 전하는 말을 믿을 수가 없었다. 처음부터 말렸어야 했다. 그러나 지금 아들이 출가했다는 소식을 들은 이상언은 깊은 한숨을 내쉬고 고개를 흔들며 부정하지 않을 수 없었다.

"아니오. 그 아이가 스님이 될 리가 있겠소. 아직도 젊은 처와 핏덩이 같은 딸이 있는데."

"나무아미타불. 이제 아드님은 불법 문중에 출가한 스님입니다. 그리 아시고 성철 스님의 뜻을 받아들이셔야 합니다. 제가 보니 성철 스님은 의지가 매우 굳어서 한번 뜻을 세우면 반드시 이루고야 말 분입니다."

마침내 이상언은 화산 스님에게 화를 내고야 말았다. 스님들이 모두 자신의 아들을 훔쳐간 도둑들로 보이기 시작했다.

"듣기 싫소. 부모 형제와 처 자식을 버리고 출가하여 중이 된다는 것은 가장 큰 불효요. 나는 영주가 중이 되었다는 것을 내 눈으로 확인하기 전에는 믿을 수가 없소. 이제 그만 가보시오."

"나무아미타불."

사랑방에서 들려온 큰 소리에 놀라 달려온 덕

명은 모든 사실을 알 수 있었다. 남편을 떠나보낼 때 이미 속세를 떠날 사람이라는 것을 덕명은 직감으로 알고 있었다. 그것은 고통스러운 포기였으며 체념이었지만 덕명은 남편이 그토록 가고자 하는 길을 막지 않았다. 덕명으로서는 그렇게 한 것이 아내의 덕이라고 생각했다.

그러나 지금 막상 남편이 출가하여 스님이 되었다는 소문을 확인한 덕명은 그 충격으로 몸을 가눌 수가 없었다. 남편을 떠나보내면서도 돌아올 것이라는 한 가닥 희망을 갖고 있었는데 이제 그 가느다란 희망마저도 사라져 버린 것이다.

묵곡리에 다시 땅거미가 몰려오고 집집마다 들녘에서 돌아온 사람들은 식구들과 함께 한 저녁 밥상 앞에서 하루의 고된 일과를 잊고 있었다. 그러나 이상언의 집은 밤이 깊어 갈수록 더욱 적적한 침묵 속에 잠겨 들었다.

덕명은 아무것도 모르는 어린 수경이가 방실거리고 있는데도 남편 영주는 다시 돌아올 기약이 없는 사람이 되고 말았으니 참으로 자신과 아기는 기구한 운명을 타고났다고 생각하며 속으로 흐느꼈다.

'아가야, 네 아빠는 이제 우리 곁으로 돌아오지 않는단다.'

울다 지친 덕명이 넋이 빠져 버린 듯 망연히 앉아 있을 때 시어머니 강씨가 조심스럽게 방문을 열었다.

"아가, 그만 울거라. 내가 내일 당장 해인사로 가서 그 아이를 데려와야겠다. 그러니 걱정하지 말고, 이런 일이 있을수록 네가 기운을 차려야지. 이 어린 것을 생각해서라도 말이다."

강씨 부인은 어깨를 들썩이며 울고 있는 덕명을 품에 안고 등을 토닥거렸다.

다음날 아침 일찍 강씨 부인은 밤새 울어서 눈이 퉁퉁 부어오른 며느리와 함께 영주에게 줄 속옷가지며, 꿀과 쌀을 챙겼다. 이를 지켜보던 이상언은 매우 화난 음성으로 말했다.

"이보시오, 부인. 괜한 헛수고를 하시는구먼. 부인도 그 아이 성격을 잘 알지 않소. 한번 떠난 간 아이가 찾아간다고 돌아올 것 같소. 돌아오기만 한다면 나라도 가서 끌고 오겠지만, 그 아이는 이제 돌아오지 않소. 허허, 장차 이 일을 어찌한단 말인가. 며느리 보기가 민망하구만."

117

"그럼 영감은 그냥 집에 계세요. 어쨌든 내가 해인사에 가서 영주를 한번 만나 봐야겠습니다. 도대체 그 아이가 무슨 생각으로 스님이 되었는지. 스님 노릇하기가 시집살이하기보다 더 힘들다던데 원 고생은 안 하는지."

강씨 부인은 하인 한 명을 데리고 해인사로 향했다. 아들을 만나겠다는 일념으로 마음이 급한 강씨 부인은 어떻게 도착했는지도 모르게 홍류동 계곡을 걸어 저녁 범종소리가 울리고 있는 해인사 경내에 들어섰다.

절의 사무를 처리하는 종무소를 찾은 강씨 부인은 한 스님에게 물었다. 입안이 바짝 마르고 두 손이 떨려 왔다.

"스님, 사람 좀 찾아주십시오. 산청군 단성면 묵곡리에서 온 이영주라는 청년입니다. 내가 그 아이 에미되는 사람입니다."

둥그런 얼굴에 안경을 낀 사십쯤 되어 보이는 스님은 영주를 잘 알고 있다는 듯 대답했다.

"아, 성철 스님말이군요. 지금 선방에서 수행하고 있습니다. 제가 가서 어머님이 오셨다고 기별을 하겠습니다."

강씨 부인으로서는 아들이 수행을 하건 말건 알 바가 아니었다. 오직 아들의 얼굴을 보고 타일러서 집으로 데리고 갈 생각뿐이었다. 한참 후 소식을 전하러 간 스님이 난처한 표정으로 돌아왔다.

　"저… 보살님, 말씀드리기 죄송합니다만 성철 스님은 어머님을 만나지 않겠다고 극구 거절하고 있습니다. 여러 스님들이 '아무리 출가한 스님이지만 멀리서 찾아오신 어머니를 그냥 가시게 하는 것은 도리가 아니다'라고 말해도 성철 스님은 누구도 만나지 않겠다고 합니다."

　강씨 부인은 눈앞이 캄캄했다. 원래 단호한 성격의 아들이었지만 멀리서 찾아온 자신도 만나주지 않으리라고는 생각하지 않았던 것이다. 강씨 부인은 아들이 변해도 아주 많이 변했다는 것을 알았다. 그날 밤을 해인사 객실에서 보낸 강씨 부인은 이제 자신의 아들이 옛날의 영주가 아닌 성철 스님이라는 낯선 사람이 되고 말았다는 생각에 두 눈에서 계속 흐르는 눈물을 닦을 생각도 하지 않고 울고 있었다.

　다음 날 아침, 다시 종무소를 찾은 강씨 부인은 처절한 심정으로 가지고 온 물건들을 맡기며 말했다.

"이 물건들을 성철 스님에게 전해 주십시오. 그
리고 이 에미가 왔다가 그냥 갔다고 말씀해 주십시
오."

강씨 부인은 허탈은 심정으로 묵곡리로 돌아와
야 했다.

초여름이 되자 그녀는 다시 해인사를 찾았다. 요즘
들어 갑자기 10년은 늙어 버린 것 같은 강씨 부인
은 날로 초췌해지는 며느리 덕명의 수심어린 얼굴
을 보는 것도 민망했지만, 아들의 생각을 한번 듣
고 싶은 미련을 떨치기 어려웠다. 종무소에 가서
아들을 찾자 처음 아들을 찾아왔을 때 만났던 스님
이 말했다.

"또 오셨군요. 성철 스님은 지금 해인사에 계시
지 않습니다. 동산 큰스님을 모시고 동래 범어사로
가셨습니다."

강씨 부인은 이제 눈물도 나오지 않았다. 그저
자신과 젊은 며느리, 그리고 아무것도 모르고 방실
거리는 어린 손녀를 버리고 떠난 무정한 아들이 한
없이 야속하게만 느껴졌다.

"대자대비하신 부처님! 제 아들이 당신의 제자가 되기 위해서 저희들을 버리고 떠났습니다. 중생들에게 자비를 베푸시는 부처님께서 어쩌자고 제 아들을 당신의 제자로 삼으셨습니까? 모든 것을 부처님의 뜻에 맡기겠습니다만 제 아들을 한 번만이라도 만나게 해주십시오. 젊은 며느리와 어린 것이 그 아이를 기다리고 있습니다."

강씨 부인은 법당에 들어가 부처님께 수없이 절을 했다. 그녀의 아픈 사연을 아는지 모르는지 그날 해인사에서는 초여름의 청명하고 따사로운 햇살이 눈부시게 빛나고 있었다.

두 번이나 아들을 찾아갔으나 만나지 못하고 집으로 돌아온 부인을 본 이상언은 단념한 듯 말했다.

"부인, 이제 그만 잊으시오. 에미가 두 번이나 찾아갔는데도 만나 주지 않는 걸 보면 그 아이는 이제 돌아올 아이가 아니오. 무정한 놈 같으니. 그나저나 새애기와 저 어린 것을 어찌할꼬?"

"영주는 이제 해인사에도 없다고 합니다. 스승을 모시고 동래 범어사로 갔다고 합니다. 인자 가을 추수가 끝나면 새애기하고 수경이를 데리고 함께 가보렵니다. 지 딸을 보면 마음이 달라지겠지요."

무덥던 여름이 지나고 추수를 끝낸 강씨 부인은 며느리와 손녀를 데리고 먼 길을 나섰다. 덕명은 더이상 남편을 기다리지 않기로 작성한 듯 체념한 표정이었으나, 남편에게 어린 딸의 모습이라도 한번 보여줄 생각으로 말없이 따라나섰다. 그들은 진주로 나가 기차를 타고 부산에서 내려 범어사로 갔다. 멀고 힘든 여행이었다.

강씨 부인은 절의 살림을 맡아서 하는 원주 스님을 찾아갔다.

"저희는 산청군 단양면에서 성철 스님을 찾아왔습니다. 제가 그 성철 스님의 에미 되는 사람이고, 저 어린 것이 성철 스님의 딸입니다. 장가를 들었는데 그만 한번 절로 들어가더니 다시는 돌아오지 않아서 이렇게 먼길을 찾아왔습니다. 성철 스님은 지금 어디 있습니까?"

원주 스님은 대답을 망설이는 듯 머뭇거렸다.

"참 훌륭한 스님을 아들로 두셨습니다. 성철 스님은 어찌나 열심히 정진하는지 모두들 칭찬이 자자합니다. 하지만 성철 스님은 지금 범어사에 계시지 않습니다. 해제철이라 선방 스님들도 다 이곳을 떠났습니다."

"그럼 성철 스님이 어디로 갔다는 말입니까?"

원주 스님은 아무런 대답도 할 수 없었다. 참선하는 스님들은 예부터 운수납자라고 불리웠다. 즉 구름과 물처럼 한 곳에 머물지 않고 정처없이 이산 저산으로 다니면서 마음 닦는 공부에만 전념하는 나그네들이었다. 그들은 그런 떠도는 삶을 통해서 한 곳에 오래 머물면 생기기 마련인 집착을 버리고 깨달음의 길을 구했으며, 눈 밝은 스승을 찾아다녔다. 그래서 옛날의 한 선승은 이런 선시를 남겼다.

물을 건너고 산을 넘는 것은
스승을 찾아 도를 묻고
참선하기 위함이었네

바람과 물처럼 한 곳에 머물지 않는 것, 그것은 선승들의 오랜 전통이었다. 하지만 멀리서 찾아와 성철 스님을 애타게 찾는 어머니와 아내 그리고 어린 딸을 본 한 스님이 지나가는 듯한 말투로 말했다.

"원효암으로 가 보시오. 거기 성철이라는 젊은 스님이 하루 종일 참선만 하고 있다고 합디다."

그들은 범어사 뒤켠에 자리잡은 원효암으로 발

길을 돌렸다. 금정산의 무성한 갈대숲은 가을 햇살 속에서 황금빛을 띠고 있었다. 한 어린 행자가 원효암 뜨락의 낙엽을 쓸고 있었다.

"동자 스님, 성철 스님은 어디 있습니까?"

"네, 저 방에 계십니다. 그런데 누구십니꺼?"

"나는 성철 스님의 에미되는 사람입니다."

철 모르는 어린 행자는 성철 스님의 어머니와 아내, 그리고 어린 수경이를 번갈아 쳐다보며 기뻐했다. 아직 어린 그로서는 비록 자신의 가족들은 아니지만 스님의 가족들이 찾아왔다니 기뻐하지 않을 수 없었던 것이다. 행자는 빠른 걸음으로 성철 스님의 방 앞에 가서 큰 소리로 외쳤다.

"스님요, 빨리 나와 보이소. 스님 어무이하고 각시하고 딸아하고 모두 왔습니다. 빨리 나와 보이소."

"영주야, 어서 문을 열어라. 에미가 왔다. 니 처와 어린 것도 함께 왔다. 딸을 낳았단다. 아 이름은 수경이고. 어서 나와 보거라."

그러나 방 안에는 아무런 기척도 없었다. 성철 스님은 거듭되는 어머니의 간청에도 불구하고 벽을 향해 좌선하던 모습 그대로 움직이지 않았다.

어린 수경이가 이 소란에 놀라 울었다. 덕명은 애원하듯 말했다.

"수경 아버지, 정말 너무하십니다. 저를 생각해서 이 어린 것을 한 번만이라도 보아 주세요."

하지만 방문은 열리지 않았다. 그때 방 안에서 어린 행자를 부르는 성철 스님의 무거운 음성이 들려왔다.

"애, 행자야. 어서 그 손님들을 돌려보내지 못할까"

스님의 호통에 겁이 난 어린 행자는 눈을 동그랗게 뜨면서 말했다.

"보살님예, 스님은 아무도 만나지 않을라고 하시는가 봅니더. 그냥 돌아가시이소. 안 가시면 제가 혼납니더."

"아이고, 이 무정한 것아. 니 핏줄이 왔는데 나와 보지도 않는단 말이냐? 니는 인제부터 사람도 아니다."

수경을 업은 덕명이 시어머니의 옷소매를 잡아당겼다.

"어머니, 그만 가요. 저 사람은 이제 돌아오지 않습니다."

두 사람은 해질녘까지 방 앞에서 기다렸다. 그러나 방문은 끝내 열리지 않았다. 강씨 부인과 덕명은 어린 수경이를 업고 어둠이 몰려오는 오솔길을 걸어서 금정산을 내려왔다. 바다가 가까운 것일까. 불어오는 바람 속에서 비릿한 바다 내음이 느껴졌다.

성철 스님은 그들이 모두 산을 내려간 뒤, 불도 켜지 않고 그렇게 오랫동안 앉아 있었다.

'내가 과연 부처를 이룰 수 있을 것인가? 나 때문에 많은 가족들이 저렇게 슬픔에 빠져 있는데, 그들을 만나 보지도 않고 돌려보낸 것은 과연 잘한 일이었을까?'

이렇듯 자신을 책망하는 성철 스님의 가슴은 슬픔으로 일렁거리고 있었다. 그의 귀에는 아직도 놀라서 우는 어린 딸의 울음소리가 들리는 것 같았다.

출가를 정신적인 숙명으로 택한 수도자들 가운데 성철 스님만이 가족을 떠난 것은 아니다. 일찍이 궁전을 떠나기 전의 싯다르타는 자신의 아들이 태어났다는 소식을 듣고 '라훌라'라고 이름을 지었다. 라훌라는 '장애'를 뜻한다. 그러나 아들에게 붙인 이 라훌라라는 이름의 이면에는 출가를 앞둔 싯다르타의 깊은 부성애가 깔려 있었다. 갓 태어난 아들에 대한 사랑을 싯다르타는 장애라고 불렀던 것이다. 그만큼 어린 아들을 두고 떠나는 싯다르타의 출가에는 큰 결심이 필요했던 것이다.

멀리서 찾아온 세속의 가족들마저 만나지 않는 성철 스님의 이같은 철저한 수도 정신은 훗날 해인사의 방장으로, 조계종의 최고 어른인 종정으로 계실 때에도 변함이 없었다. 스님은 언제인가 '젊은 수도자들에게 주는 글'에 다음과 같이 썼다.

세속은 윤회의 길이요, 출가는 해탈의 길이니 해탈을 위하여 세속에 대한 집착을 당연히 끊어야 한다. 부모의 깊은 은혜는 출가 수도로써 보답한다. 만약 부모의 은혜에 끌리게 되면 이는 부모를 지옥으로 인도하는 것이니, 부모를 길 위의 행인처럼 대해야 한다. 부처님은 제왕의 높은 자리도 헌신짝처럼 던져 버렸으니, 이는 수도인의 영원한 모범이다. 그러므로 한때의 꿈속처럼 부모 처자와 부귀영화 등 모든 것을 희생하여 전연 돌보지 아니하고 오직 수도에만 전력하여야 한다. 참으로 고독한 사람이 되지 않고서야 무상대도를 성취하지 못하는 것이다.

성철 스님의 수도 생활은 참으로 철저하였다. 한국 불교사의 한 획을 긋는 위대한 고승이 있기까지에는 이토록 비정한 작별이 있어야 했던 것이다.

우리나라에 불교가 전해진 이래, 한국의 수많은 젊은이들이 불교의 가르침을 구하는 정열 하나만으로 중국으로, 인도로 떠났다. 10년, 20년 걸려 걸어서 가던 그들의 여행은 요즘의 여행과는 전혀 다른 것이었다. 죽음을 각오하지 않고는 떠날 수 없는 머나먼 길이었다. 세속과의 인연을 끊고 오직 깨달음을 얻기 위해 떠나는 그들의 발길은 반드시 돌아오는 것을 예정한 행로는 아니었을 것이다. 그들에게 금생의 삶이란 단 한 번의 우연이 아니라 자신들의 존재와 의지를 바쳐 여행하고 있는 윤회의 바다, 그 어느 곳의 한 항구에 지나지 않았다. 자신들의 고국이 어디든 그곳도 역시 언젠가는 떠나야 할 하나의 항구에 지나지 않았던 것이다. 성철 스님 또한 그렇게 세속의 항구를 떠난 배였다.

깨달음의 노래

멀리서 자신을 찾아온 어머니와 아내, 어린 딸을 외면하고 그냥 돌려보낸 성철 스님은 더욱 참선에 몰두하였다. 스님 스스로 세속의 인연을 끊고 오직 불도를 향해 걸어가겠다는 서원을 이루기 위해 쉬지 않고 정진했다. 하루 24시간 내내 화두를 참구하면서 다른 일은 생각할 수도 없었던 것이다.

선 수행은 그렇게 강인한 의지와 자기 자신을 극한까지 몰아붙이는 철저한 탐구가 필요하다. 그래서 선불교를 가장 화려하게 꽃 피운 당나라의 유명한 선승이었던 임제 스님은 다음과 같은 말을 남겼다.

"함께 선禪의 길을 가는 여러 벗들이여! 세월을 헛되이 보내서는 안 된다. 지난 날 이 산승도 빛이라고는 없는 절망 속에서 길을 잃은 채 이리저리 깨달음을 찾아 방황했었다. 흐르는 시간을 헛되이 보낼 수 없어 가슴 속은 타오르고, 마음은 갈팡질팡하여 이곳저곳에서 가르침을 찾아 물었다. 함께 선의 길을 가는 여러 벗들이여! 권하노니 옷과 밥을 위해 사람들의 비위를 맞추면서 구차하게 살아가지 말라. 보라! 이 세상은 부질없어서 빠르게 지나가 버리고, 참되고 진정한 깨달음을 구하기 어려운 법이다."

모든 인간은 언젠가는 스스로의 존재를 묻는 엄숙한 질문을 자기 자신에게 하지 않으면 안 되는 때가 있기 마련이다. 그런데 성철 스님은 삶의 매 순간마다 스스로에게 자신의 존재를, 인생의 진실을 물었다. 그 질문은 이영주라는 이름, 성철이라는 이름으로 표현되는 껍데기의 정체를 묻는 질문이 아니라, 바로 '나 자신은 누구인가?'라는 공안으로 묻고 있다.

성철 스님의 정진은 실로 불꽃이 튀는 것처럼

매섭고 맹렬했다. 잠은 거의 자지 않았다. 이것이 스님의 유명한 '장좌불와'였다. 즉 허리를 바닥에 대지 않고 잠을 자더라도 참선하는 자세로 앉아서 자다가 다시 깨어나 참선하는 수행이었다. 인간의 수면욕이란 한이 없는 것이어서 한번 잠에 빠지면 계속해서 자고 싶은 법이다. 매일 그렇게 수면을 취하다 보면 정신은 더욱 혼미해지고, 깨달음은 더욱 멀어질 뿐이다.

스님은 음식도 정신을 흐리게 한다 하여 채소를 물에 씻어서 소금기가 전혀 없이 그냥 먹는 생식으로 일관하였다.

성철 스님의 엄격한 수도 생활은 계속되었다. 스님은 참선을 통해서 삼라만상의 윤회를 체험했다. 욕망을 버리고 속세의 모든 기억을 버렸다. 고향에 두고 떠나온 부모님과 아내 덕명의 얼굴도 잊었다. 아침마다 떠오르는 태양도, 한밤의 산봉우리를 비추는 달빛도 모두 '무無'였다. 푸르른 소나무숲도, 계곡의 맑은 물도, 들려오는 범종소리와 쇠북소리도 '무'였다. 삶의 슬픔과 고통도, 죽음의 어두운 그림자도, 같이 수행하는 스님들도, 자기 자신마저도 '무'였다. 밥을 먹을 때도, 숲길을 걸을 때도, 청소를 할 때도, 빨래를 할 때도, 부는 바람도, 대지를 적시는 비도, 바위도, 나무도 모두 '무'였다.

'무, 무, 무…!'

형상이 있는 것도, 형상이 없는 것도, 모든 것이 '무'였다. 성철 스님은 그렇게 '무'의 긴 터널을 빠져 나가고 있었다.

4년의 세월이 활시위를 벗어난 화살처럼 빨리 지나갔다. 대구 동화사의 금당선원으로 자리를 옮긴 성철 스님은 정진의 고삐를 늦추지 않고 참선 수행에 전념했다. 그의 몸과 마음은 이제 공안과 하나가 되어 잠을 잘 때나 깨어 있을 때나 흔들림이 없었다.

성철 스님은 여름 날이면 절 뒤 바위에 앉아 참선을 했다. 어느 날 밤 소낙비가 세차게 쏟아졌지만 깊은 화두 삼매에 들어 비가 오는 줄도 모르고 밤새도록 참선을 하고 있었다. 다음날 아침 완전히 물에 빠졌다가 나온 듯이 성철 스님의 삼베옷은 축 늘어져 있었다. 그런 스님의 모습을 본 다른 스님들이 이상하게 생각하고 물었다.

"아니, 성철 스님. 옷이 왜 그렇게 젖었소?"

성철 스님은 문득 자신의 옷을 내려다보았다.

그러나 간밤에 있었던 일을 말하지 않았다. 대신 스님은 빙긋 웃으며 말했다.

"음, 빨래가 참 잘 됐군."

그뿐이었다. 이미 스님에게는 다른 말이 필요 없었던 것이다.

1940년 어느 여름날 밤. 참선하고 있던 스님은 가슴 속에서 이글거리던 커다란 불덩이가 밤하늘로 빠져나가고 삼라만상의 연결 고리가 환하게 밝아 보이는 듯한 깨달음을 얻었다. 순간 스님은 자신의 마음속에 아무런 의심도 남아 있지 않음을 알았다. 스님이 그토록 고행하며 질주해 나오던 '무'의 긴 터널이 이제 끝난 것이다. 모든 생명을 하나로 연결하는 마음의 광명을 스님은 마침내 찾은 것이다.

스님은 모든 것과 하나이며, 또한 개체이기도 한 자신의 우주를 보았다.

성철 스님은 뜰로 나가서 밤하늘을 바라보았다. 영겁의 세월 동안 찬연한 빛을 발하던 수많은 별들의 소리가 들려오고, 모든 생명을 하나로 연결하는 마음의 근원적인 법칙이 순수하고 유연하게 온 누리를 관통하고 있었다. 성철 스님의 커다란

웃음소리가 밤하늘을 흔들고 메아리쳤다.

"으하하하하하…."

한참 웃고 난 스님은 나직한 음성으로 깨달음의 기쁨을 노래했다.

황하수 서쪽으로 거슬러 흘러
곤륜산 정상에 치솟아 올랐으니
해와 달은 빛을 잃고
땅은 꺼져 내리도다
문득 한 번 웃고 머리를 돌려 서니
청산은 예대로 흰구름 속에 섰네

그날 이후, 성철 스님은 현대 한국불교의 정신적 수호자로 우뚝 서게 된다. 이때가 1940년, 스님의 나이 스물 아홉이었다. 그는 마침내 광활한 마음의 우주를 주파해 버린 것이다.

서산 간월암의 파도소리

대구 동화사 금당선원에서 깨달음을 얻은 성철 스님은 그해 가을 금강산 마하연으로 거처를 옮겼다. 당시만 해도 금강산은 수많은 학생들의 수학여행지로 여행자들의 탐방지로서 발길이 끊이지 않았다. 또한 금강산에는 장안사, 표훈사, 유점사와 같은 대찰들이 자리잡고 있어서 많은 스님들이 수도할 수 있었다. 그중에서도 마하연은 금강산에서도 제일 유명한 수도 도량으로 많은 선승들이 모여서 참선 수행을 하고 있었다.

　성철 스님은 마하연에 머물며 자신의 깨달음을

더욱 굳게 다지고 싶었다. 원래 선문에서는 깨달음을 얻은 뒤, 눈밝은 스승에게 그 깨달음의 올바름을 인가받아야 했다. 그리고 나서도 선승은 계속 정진을 하여 그 깨달음의 기쁨을 누리며, 다시는 혼미한 번뇌의 티끌이 묻지 않도록 다듬어야 했다. 이를 불퇴보리不退菩提, 즉 다시는 퇴보하지 않도록 지키고 다듬는 수행이라 한다. 이 모든 과정이 끝나면 그 깨달음은 결코 흠집이 나지 않는 금강석처럼 맑고 강한 지혜를 잃지 않는다.

성철 스님은 동화사에서의 깨달음에 자만하지 않고 다시 금강산 마하연에서 혹독한 수행을 거듭 쌓아 나갔다. 마하연의 선방에서 정진하는 스님들은 전국에서 모인 스님들이었다. 그런 만큼 선방의 수행 시간표만 근근이 지키는 스님들도 있었고, 그나마도 못 지키고 헉헉거리는 스님들도 있었다. 그들은 성철 스님의 굳센 정진력을 부러워하면서도 말없이 정진하는 스님을 질시의 눈길로 바라보기도 했다. 그들은 안거가 끝나기만 하면 "금강산 구경이나 하세"라고 떠들며 어디론가 몰려가 버리기 일쑤였다. 성철 스님은 세월만 보내고 절밥만 축내는 도반들의 나태함과 무기력한 정신 상태를 안타까워하며 더욱 열심히 정진했다. 이미 깊은 깨달음을 얻은 바가 있어서 어떠한 번뇌의 물결에도 흔들림이 없는 경지에 도달한 성철 스님에게는 공부를 시작하는 결제와 공부를 마치는 해제의 구분이 따로 없었다. 그에게는 1년 356일 모두가 결제 기간이었던 것이다.

춥고 긴 금강산의 겨울도 지나가고 산속의 새들과 작은 꽃들이 봄을 알리는 어느 날, 나이 든 여인이 마하연으로 성철 스님을 찾아왔다. 바로 성철 스님의 어머니 강상봉이었다. 강씨 부인은 범어사 원효암에서 아들에게 외면당한 뒤, 더욱 신심 깊은 불교 신자가 되어 출가한 아들의 수행이 깊어지도록 기도하고 또 했다. 그러나 아들을 만나고 싶은 모정은 변함이 없어서 여기 저기 성철 스님의 행방을 수소문한 끝에 금강산 마하연까지 찾아온 것이었다. 강씨 부인은 마하연의 주지 스님에게 찾아온 이유를 밝히고 아들을 한 번만 만나게 해달라고 간청하였다. 그녀는 이제 어머니가 아니라 할머니의 모습으로 변해있었다. 어머니보다는 할머니라는 호칭이 더 어울리는 노년에 이른 것이다.

"성철 스님, 모친께서 오셨네. 어서 가서 어머

니를 만나 보시게."

강씨 부인의 간청에 주지 스님은 참선 중인 성
철 스님을 불러내어 권했다. 하지만 성철 스님은
아무런 말없이 뒤돌아서 다시 선방으로 향했다.

"이보시게, 성철 스님. 어머니가 저 경남 산청
에서부터 스님을 만나려고 천리길을 달려왔는데
어서 가서 어머니를 만나 뵙고 그간 공부한 것도
말씀드리고 금강산 구경도 시켜 드려야지."

성철 스님은 뒤를 돌아보며 말했다.

"저는 아직 수행 중인 사람입니다. 저처럼 공부
가 덜된 사람이 어머니를 만나면 다시 집착이 생겨
서 수행에 방해가 될 것입니다. 그러니 아직은 어
머니를 만날 수가 없습니다."

"무슨 말인가. 성철 스님의 수행은 이미 모두
가 다 찬탄하고 있는 바이거늘 공부가 덜 되다니.
그리고 스님도 스님이지만 멀리서 여기까지 찾아
오신 어머니를 생각해보게. 스님도 참 모진 사람이
군."

성철 스님은 주지 스님의 권유를 뒷전으로 하
고 선방으로 다시 돌아가 버렸다.

강씨 부인은 자신을 외면하는 아들이 야속했

으나 이제는 담담한 마음으로 받아들일 수 있었다. 아들이 출가한 이래 홀로 살아가며 시부모를 극진히 모시는 며느리의 꿋꿋함과 티없이 자라는 수경을 바라보면서 마음의 위안을 얻은 탓이었다. 아니, 그보다는 지난 수년간 불도에 정진하면서 아들의 심정을 이해할 수 있는 신심을 얻은 까닭이기도 했다.

"괜찮습니다. 에미된 심정 때문에 스님의 공부를 방해하고 싶지 않습니다. 그냥 하룻밤만 묵어갈 수 있도록 해주십시오. 이 절에 있다는 것을 안 것만으로도 족합니다. 관세음보살."

주지 스님은 그 어머니에 그 아들이라고 생각하며 강씨 부인을 객실로 안내했다. 그러나 그날 저녁, 스님들은 성철 스님의 처사가 너무 야속하다는 의견을 모아 어머니를 만나뵐 것을 권했다. 성철 스님은 대중의 뜻에 따르기로 했다. 다음날 아침, 드디어 어머니와 아들은 8년 만에 재회했다.

"어머님, 그간 편안하셨습니까. 말도 없이 떠나고 저를 찾아온 어머니를 외면한 이 불효자식을 용서해 주십시오."

강씨 부인은 눈물이 가득 고인 눈으로 8년 만

에 만난 아들의 모습을 물끄러미 바라보았다. 자신 앞에 있는 스님은 예전의 영주가 아니었다. 자신의 아들 영주는 이제 기품있고 의젓한 스님으로 변모해 있었다.

"공부를 많이 했구나. 이제 예전의 영주가 아니구나. 이제는 죽어도 여한이 없다. 네가 이렇게 훌륭한 스님이 된 것을 보니. 더욱 부지런히 공부해서 우리 불교의 기둥이 되어야지."

"송구스럽습니다. 이제 막 공부를 시작했는데요. 아버님의 기력은 여전하십니까?"

"그럼. 집안 형편은 예전보다 못하지만 그런대로 잘 살고 있다. 수경 어미도, 수경이도 잘 있고. 수경이가 이제 아홉 살이지. 그리고 네가 출가한 뒤로 아버님은 줄곧 속이 상해서 화를 내셨는데, 이제는 부처님의 가르침에 의지하여 사신단다. 화엄사 해봉 노장님에게도 자주 가시고. 네 덕분에 우리 집안 사람들은 모두 머리를 안 깎았다 뿐이지, 신심이 돈독한 불자가 되었단다."

두 사람은 그동안 못다한 이야기를 오랫동안 나누었다. 그리고 강씨 부인은 성철 스님의 안내로 금강산 이곳저곳을 구경할 수 있었다.

1941년 여름. 성철 스님은 순천 송광사 삼일암에서 여름 안거를 지내면서 당시 큰스님으로 알려진 효봉 스님을 만나게 된다.

효봉 스님은 1888년 평안남도 양덕에서 태어나 1913년 평양고등보통학교를 졸업하고 일본 와세다대학 법학부를 졸업한 뒤 이후 10년간 판사 생활을 했다. 그러던 중 어느 죄수에게 사형을 선고한 뒤 '인간으로서 인간을 심판하여 사형을 선고할 수 있는가?'라는 고뇌 끝에 판사 생활을 끝내고 3년간 엿장수 등을 하며 방랑생활을 했다. 그 후 1925년 38세라는 늦은 나이에 금강산 신계사로 출가하여 스님이 되었고, 신계사 미륵암에서 뼈를 깎는 수행 끝에 깨달음을 얻었다. 그 후 송광사 삼일암에 머물며 후학들을 지도하고 1962년 4월에는 통합종단 종정에 추대되기도 했다. 출가 전의 특이한 이력과 출가 후의 무서운 고행과 깨달음, 그리고 불교지도자로서 많은 일을 한 현대의 고승이다.

효봉 스님은 송광사에 머물며, 고려시대의 고승 보조국사 지눌이 전개한 정혜결사의 전통과 정신을 오늘에 되살려서 피폐해진 한국불교에 새로운 활력을 불어넣고 있었다. 성철 스님은 그런 효봉 스님을 통해서 일본의 식민지 정책으로 왜색화된 불교 현실을 타파하기 위해서 뜻을 같이 하는 스님들이 한 곳에 모여 부처님 법대로 수행하고, 중생 제도에 새로운 각오로 나서야 한다는 것을 깨달았다. 그와 같이 성철 스님의 생각은 1947년 문경 봉암사 결사로 이어지게 된다.

삼일암에서 여름 안거를 마친 스님은 걸어서 예산 수덕사로 향했다. 수덕사에는 당대의 도인이며 선승으로 유명한 만공 스님이 머물고 있었다.

성철 스님은 하루하루 걸으면서 가을걷이를 하는 농부들과 함께 일하면서 부처님의 가르침을 쉬운 이치로 전하기도 했고, 밥을 얻어 먹기도 했다. 스님은 농사 짓는 집에서 열심히 일을 한 뒤 약간의 품삯이라도 받게 되면 돈을 다시 돌려주면서 말했다.

"고맙지만 나는 돈하고는 이별한 지 이미 오래되었습니다."

말을 마친 스님은 표표히 마을을 나서곤 했다. 그리고 부유한 집에서 탁발을 하여 얻은 물건들을 가난한 집 문 앞에다가 아무도 모르게 모두 내려놓기도 했다.

스님의 이와 같은 도보 행각은 수행의 연속이었다.

그해 늦은 가을, 스님은 수덕사에 도착하여 만공 스님의 회상에서 겨울 안거를 보냈다. 이제 30대에 접어든 성철 스님의 깨달음은 날로 원숙해져만 갔다. 수덕사의 겨울 안거에서도 장좌불와를 하면서 자신의 깨달음을 맑고 날카로운 지혜로 다듬어 가던 스님은 '우리는 무엇인가? 사람은 어디서 와서 어디로 가는가? 인생의 참된 길은 무엇인가? 영원한 부처님의 가르침을 실천하는 길은 무엇인가?'에 대해서 진지하게 고민하지 않는 사람들이 도처에 넘쳐 흐르고 있을 때 스님은 다시 길을 떠나야 한다고 생각했던 것이다. 그만큼 성철 스님은 고독했다. 더욱 큰 고독 속에서 자신의 깨달음을 가꿀 필요가 있음을 느낀 그는 서산 간월암으로 발길을 돌렸다.

서해 바다에 뜬 달을 바라본다는 뜻을 지닌 간월암은 조선 왕조의 창업을 도운 무학대사가 창건한 섬 속의 작은 암자였다. 간월암이 자리잡은 작은 섬은 밀물 때가 되면 암자에서 뭍으로 가는 길이 밀려든 바닷물로 끊기고, 썰물 때가 되어야 다시 길이 드러나는 서해안 오지의 외딴 암자였다. 스님은 이 간월암에서 2년 동안 참선하며 보냈다. 낮에는 경전과 옛 스님들의 어록을 읽으면서 자신의 깨달음을 점검하기도 하고, 밤이면 서해에 떠오른 달을 바라보며 깨달음의 기쁨에 젖기도 하며 거센 바닷바람에 흔들이는 키 작은 갈대들이 서걱거리는 소리를 들으며 선정에 들었다.

부처님 법답게 살자

1944년. 그동안 물처럼 바람처럼 홀로 떠돌며 구도의 길을 걷던 성철 스님은 문경의 사불산 대승사로 향했다. 대승사에는 곰이 깨달음을 얻었다는 재미있는 이야기가 전해지고 있었다.

그 옛날 대승사 뒷산에는 곰이 한 마리 살았다. 이 곰은 가끔 절 마당에 내려와 스님들이 주는 누룽지와 과일 껍질을 얻어먹기도 하고 절 마당을 어슬렁거리며 배회하곤 했다. 이 절의 스님들은 곰을 해치거나 쫓아 보내지 않고 마치 사람을 대하듯 잘 보살펴 주었다.

그런데 곰은 원래 흉내를 잘 내는 짐승이어서 스님들이 참선하고 있을 때면 자신도 마루에 걸터앉아 참선하는 흉내를 아주 그럴 듯하게 내어 스님들은 이 곰을 '웅행자'라고 불렀다.

어느덧 곰은 수명이 다하여 죽고, 인연의 힘으로 사람의 몸을 받아 다시 대승사에 와서 살게 되었다. 전생에 곰이었던 탓인지 생김새가 꼭 곰을 닮아서 스님들은 그를 다시 '웅행자'라고 불렀다. 비록 사람의 몸을 받기는 했으나 웅행자는 미련하고 눈치가 없어서 매일 야단을 맞았다. 그래도 심성이 착하고 기운도 세서 절의 허드렛일을 거의 도맡았다.

그런데 대승사의 조실스님만은 웅행자의 전생을 알고 있었다. 어느 날 절의 부엌에서 공양을 짓던 웅행자는 아궁이의 불이 자신의 발에 옮겨붙는 줄도 모르고 염불 삼매에 들어 있었다. 지나가던 한 스님이 이를 보고 부지깽이로 웅행자의 머리를 쳤다.

"이 미련한 곰아! 네 발이 타는 줄도 모르느냐?"

순간 웅행자는 자신의 전생과 불법의 큰 공덕을 깨닫고 기쁨에 넘쳐 외쳤다.

천 번 나고 만 번 죽음이여
이 일을 언제야 다할 것인가
가고 오고 오고 가면서
무거운 짐만 더하더니
오늘 아침 비로소 대장부의 일을 마쳤구나

그 후 웅행자는 정진을 거듭하여 큰스님이 되었다고 한다.

대승사는 이 이야기가 전설이 아닌 사실처럼 전해지고 있는 유서 깊은 수행 도량이다.

대승사 쌍련선원에는 성철 스님을 흠모하는 많은 젊은 스님들이 모여서 그해 겨울 안거를 준비하며 성철 스님이 오기를 기다리고 있었다.

이때 스님의 나이 34세. 훗날 현대 한국불교를 지도한 자운 스님, 종수 스님, 청안 스님 등 많은 젊은 스님들이 스님의 수행과 학식을 본받아 배우고자 모여들고 있었다. 단지 수행과 학식 때문만은 아

니었다. 불교가 왜색화되고 황폐해진 나머지 가르
침을 받지 못한 수많은 젊은 스님들이 성철 스님의
굳은 인품과 수행력을 따르기 위해 한 자리에 모여
서 내일의 한국불교를 준비하고 있었던 것이다.

그 당시는 모두 가난했지만 그래도 약간이나마
부유한 절은 모두 처자식이 있는 대처승들이 운영
하였고, 부처님의 계율을 지키며 수행에 힘쓰던 독
신 스님, 즉 비구 스님들은 쓰러지기 직전의 절에
머물며 간신히 그 수행의 명맥을 이어가고 있었다.

그러므로 대승사에 모여든 스님들의 생활은 더
욱 가난할 수밖에 없었다. 하지만 스님들은 그 가
난을 오히려 기뻐하며, 한 톨의 쌀과 한 줄기의 채
소도 아끼며 오직 수행에 전념하고 있었다. 곧이어
독립운동을 한 혐의로 일본 경찰에 체포되어 모진
고문을 당하고 상주포교당에서 몸을 추스르고 있
던 청담 스님도 이 모임에 합류했다.

왜색으로 물든 일제 강점기의 불교를 정화하
고 1966년 대한불교조계종 종정에 추대되어 불교
중흥에 기여한 청담 스님은 생애 내내 성철 스님과
절친한 도반이었다.

성철 스님은 이 문경 대승사 시절부터 자신의

수행을 더욱 엄격하게 다져 나갔다. 하루 24시간 내내 허리를 바닥에 대지 않는 장좌불와는 물론 익히지 않는 날곡식을 그냥 먹는 생식을 계속하였다. 한밤중에 다른 스님들이 자다가 일어나 보면 성철 스님은 초저녁부터 앉은 자리에서 일어날 줄 모르고 그렇게 언제까지나 참선하고 있었다.

이미 육체의 고통을 이겨낸 스님의 장좌불와는 드높은 선승의 경지였다. 스님에게는 앉거나 눕거나 매 동작이 모두 참선으로 이어졌으며, 장좌불와는 아주 자연스럽고 편안한 수행법이었다.

스님의 장좌불와를 통하여 한국 선불교는 그 수행 철학을 한 단계 높이고, 확고히 다지는 계기를 마련할 수 있었다. 뿐만 아니라 스님은 경전과 선어록을 연구하여 한국불교의 사상적 기초를 바로잡을 준비를 게을리하지 않았다. 성철 스님의 힘찬 정진을 옆에서 지켜본 스님들도 깊이 느낀 바가 있어 열심히 정진하였다.

그렇게 3년의 세월이 흘렀다. 한 무리의 젊은 스님들이 문경 대승사에 모여서 직접 밭을 일구기도 하며 수도에 정진한다는 소문은 점차 나라 안에 번져 나갔다. 패망을 앞둔 일제의 핍박 속에서도 진정으로 부처님의 제자다운 수행을 원하는 젊은 스님들이 문경 대승사로 모여들기 시작했다.

어느 날 스님은 마주 앉은 청담 스님에게 말했다.

"청담 스님, 우리와 뜻을 같이하는 스님들이 늘어나고 있으니 아무래도 도량을 옮겨서 좀더 부처님 법답게 수행하면 어떻겠습니까. 그리고 지금 시국이 혼미한 것으로 보아 일본의 패망은 분명합니다. 우리나라가 해방되면 그때는 병들어 쓰러진 우리나라 불교를 다시 일으켜 세워야 합니다. 그때를 위해서라도 우리는 더욱 뜻을 굳게 세워서 부처님 법답게 수행하는 풍토를 만들어 가야겠습니다."

성철 스님의 이야기를 귀기울여 듣고 있던 청담 스님은 힘주어 말했다.

"스님도 그렇게 생각하실 줄 알았습니다. 여기 모인 우리들은 더욱 굳세게 뜻을 세우고 부처님 법답게 정진하여 광복의 그날이 오면 왜색화되어 황폐해질 대로 황폐해진 우리나라 불교의 바른 정기를 회복합시다."

나라와 불교의 장래를 염려하는 두 스님의 이야기는 끝없이 계속되었다.

1945년 8월 15일. 해방의 그날은 생각보다 일찍 다가왔다. 일본은 물러갔으나 다시 미군의 군정이 시작되면서 일본에 아부하며 권세를 누리던 친일파들은 재빨리 미국의 신탁통치를 환영하면서 미군에 빌붙어 기득권을 유지하고 있었다.

불교도 세속에 못지않게 혼미를 거듭하고 있었다. 일본은 물러갔지만 일제 강점기 때 대부분의 좋은 절을 차지하고 있던 대처승들과의 대결이 불가피한 상황이었다.

이와 같은 불교의 어두운 현실을 타개할 대책은 세속에 물들지 않는 순수한 수행자들이 부처님 법답게 살고, 그 삶의 질서가 널리 물결치도록 하는 데 있었다. 그래서 당시 젊은 스님들의 신망을 한몸에 받던 성철 스님과 청담, 우봉, 보문, 향곡, 일도, 자운, 월산, 성수, 도우, 법전, 종수 스님 등 20여 명의 스님들이 '부처님 법답게 살자'라는 기치 아래 문경 봉암사에 도량을 정하고 엄격하고 철저하게 수도하는 공동체, 즉 '결사'를 조직하기에 이르렀다. 이것이 그 유명한 '봉암사 결사'의 출발이었다.

신라 헌강왕 5년(879년), 지증대사(824년~882년)가

창건한 희양산 봉암사는 신라 구산선문 중 한 곳으로 경북 문경군 가은읍 원북리에 위치한 고찰이다. 역사의 변천과 함께 퇴락과 중창을 거듭한 봉암사는 1947년 현대 한국불교의 사상적 기초를 수립한 성철 스님의 봉암사 결사 이래, 지금까지도 조계종의 특별 수도원으로서 산문을 개방하지 않고 참선하는 선객들의 수도처로 알려져 있다.

1947년. 성철 스님을 중심으로 봉암사에 모인 스님들은 스스로의 수도 규칙인 '공주규약'을 제정하고 한국불교의 새로운 역사를 만들어 가기 시작했다. 성철 스님은 1985년 음력 5월 15일, 해인사에서 행한 설법에서 당시 봉암사 결사의 유래를 다음과 같이 밝혔다.

"봉암사에 들어간 것은 정해년, 내 나이 서른 여섯 살 때였습니다. 지금으로부터 38년 전입니다. 봉암사에 들어가게 된 근본 동기는, 청담 스님하고 자운 스님하고 또 우봉 스님하고 나하고 넷이서 불교 전체적으로나 개인적으로 이익을 위한 관계를 떠나서 오직 부처님 법답게 살아 보자, 무엇이든 잘못된 것은 고쳐서 부처님 법답게 살아 보자는 뜻을 세우면서부터였습니다."

이렇게 뜻을 세운 스님들은 정신은 물론 의식 전반에 걸쳐서 선불교의 전통을 되살리는 일에 착수했다. 우선 법당에는 부처님과 부처님의 제자들만 모시고 칠성탱화와 산신탱화 등은 모두 다른 곳으로 옮겼다. 또 불교의 계율에 의하면 스님들이 사용하는 발우는 흙으로 구워서 만든 와발을 쓰라고 정해져 있다. 그런데 스님들은 대부분 목발우를 사용하고 있었다. 그래서 성철 스님은 어느 날 아침 공양이 끝난 다음, 갑자기 망치를 들어 발우를 부숴 버렸다. 깜짝 놀란 스님들에게 성철 스님은 말했다.

"부처님 법에는 목발우를 쓰지 않기로 되어 있습니다. 그런데 우리는 지금 목발우를 쓰고 있으니 이것은 크게 잘못된 일입니다. 이렇게 밥그릇 하나조차 부처님 법대로 하지 않는다면 다른 무엇을 부처님 법대로 할 수가 있겠습니까? 우리부터 당장 와발을 쓰기로 합시다."

오직 부처님 법대로 살자는 스님의 단호한 주장에 대중들은 모두 숙연해졌다.

그날 이후 봉암사 스님들은 지금까지 입고 있

던 비단 장삼, 가사 등을 모두 벗어서 불태워 버리고 계율의 가르침 대로 여러 색깔을 섞어서 광목에 물을 들인 소박한 가사를 걸쳤다. 그리고 장삼은 자운 스님이 전남 순천의 송광사에 내려가서 보조국사 지눌의 유품인 장삼을 실측해서 새로 만들어 입었다. 이 장삼이 요즘 스님들이 입는 주름 장삼이다. 그리고 밭을 매고, 나무를 하고, 불을 때고, 밥을 짓는 것과 같은 절 일은 모두 스님들이 직접 나서서 했다. 그 당시 성철 스님은 항상 "우리가 다른 일을 해서 먹고 살망정, 저 천추 만고에 거룩한 부처님을 팔아서 살아야 되겠는가?"라고 강조하곤 했다.

이렇게 부처님 법답게 수행하는 스님들이 봉암사에 있다는 것이 알려지자 옷과 걸망, 인삼, 꿀 등을 보내 오는 신도들이 많아졌다. 그러나 이런 물건들은 그 누구의 것도 아니었다. 옷과 걸망 같은 개인용품은 새 물건이 들어올 때마다 여러 스님들의 옷과 걸망 등을 살펴보고 제일 해지고 떨어진 옷을 입은 스님에게 먼저 그 순서가 돌아갔다. 인삼은 큰 주전자에 차를 만들어서 모두 한 잔씩 마시고, 꿀도 마찬가지였다.

성철 스님은 훗날 봉암사 결사의 평등한 살림을 다음과 같이 회상하고 있다.

　　"신도가 바늘 하나를 가져와도 대중의 공동 물건으로 들여와야지, 어느 스님 개인으로는 안 됩니다. 한 번은 마산에서 어느 신도가 걸망을 지어서 청담 스님에게 드리라고 보냈습니다. 청담 스님이 심부름 온 사람에게 말했습니다. '우리는 개인적으로는 보시를 받지 않습니다. 그러니 가져 가시오.' 이에 심부름 온 사람이 그러면 대중 이름으로 받으면 안 되느냐고 묻자 청담 스님은 '이 물건이 당신 거요?'하고 면박을 주어 다시 돌려보냈습니다. 그 걸망이 마산으로 돌아갔다가 주인이 대중의 공동 물건으로 들여놓는다고 해서 다시 돌아왔습니다. 그래서 누가 그 걸망이 가장 떨어졌는지 살펴보았습니다. 옷 한 벌이라도 제일 떨어진 사람에게 주기로 했으니까요. 그런데 청담 스님 걸망이 가장 낡았어요. 그래서 결국은 그 걸망을 청담 스님이 쓰게 되었지요. 바늘 한 개, 양말 한 짝, 무엇이든지 대중의 공동 물건으로 들여놓아야지 개인 물건으로 받았다가는 쫓겨나는 판이었습니다. 잘살든지 못살든지 똑같이 평등하게 살자 이것입니다."

스님의 이와 같은 무소유와 평등한 삶은 해인사의 최고 어른인 방장으로 계실 때에도 변함이 없었다. 스님은 평소 누덕누덕 기운 누더기를 걸쳤는데, 이 누더기는 스님의 청빈한 생활을 그대로 보여 주는 증거이다. 아무리 사소한 물건이라도 아껴 쓰는 스님의 절약 정신 앞에서는 여러 제자들이 고개를 흔들 정도였다.

봉암사에 가려면 가은읍을 지나야 한다. 우리나라 중부 내륙의 오지인 가은읍에는 석탄을 캐는 은광 광업이라는 탄광이 있다. 이 탄광에서 일하는 우락부락하고 성질이 거친 광부들도 봉암사의 젊은 스님들이 '부처님 법답게 살자'라는 기치 아래 모든 일을 스님들 스스로 하며, 수행도 게을리하지 않는다는 소문을 듣고 무리를 지어 봉암사를 찾아갔다. 봉암사에 도착한 광부들은 스님들을 시험해 보기 위해서 일부러 법당 앞에서 담배를 피우며 큰 소리로 노래도 부르며 소란을 피웠다. 그러나 오가는 스님들은 자신들에게 눈길 한번 안 주고 묵묵히 자신들의 일을 할 뿐이었다. 참선 시간이 되자 스님들은 일사불란하게 선방으로 들어가 참선 수행에 전념하는 것이었다. 광부들은 스님들의 조용한 행동과 침묵에 깊은 감동을 받고 성철 스님에게 설법해 줄 것을 청했다. 성철 스님은 법당에 모인 광부들을 향해 이렇게 말했다.

"여러분들과 같이 우리도 석탄 캐는 일을 하고 있습니다."

광부들이 수군거렸다.

"아니 봉암사에도 탄광이 있다는 말인가? 그런 이야기는 들어본 적이 없는데?"

스님의 법문은 계속 이어졌다.

"무슨 석탄이냐 하면, 게으름과 어리석음, 명리를 탐착하는 욕심을 불태워 없애 버리는 부처님의 석탄을 캐고 있습니다. 여러분도 밥을 하고, 방을 따뜻하게 만드는 석탄만을 캘 것이 아니라 한 걸음 더 나아가 부처님의 석탄을 부지런히 캐야 합니다. 우리의 마음은 본래 부처님과 조금도 다르지 않습니다. 그 마음을 닦는 공부가 바로 부처님의 석탄을 캐는 공부입니다. 세상에는 병이 많습니다. 병 가운데 가장 큰 병은 게으른 병입니다. 모든 죄악과 타락과 실패는 게으름에서 옵니다. 지난 일제 강점기에 우리 민족이 나라를 빼앗긴 이유도 이 게으

름이라는 병을 앓고 있었기 때문입니다. 게으름이
란 무엇입니까? 그것은 편하려고 하는 것, 자기만
좋으려는 욕심입니다. 그러나 그것은 부질없고 덧
없는 것입니다. 결국은 없어지고 말 이 몸뚱이 하나
편하게 하려고 온갖 죄악을 짓는 것입니다. 노력 없
는 성공은 없습니다. 그리고 이 육체적 고통을 이겨
내는 만큼 성공도 커지는 법입니다.

　옛날 중국에 백장 선사라는 스님이 있었습니
다. 이분은 스님들이 모여서 수행하는 큰절(총림)을
만들어서 스님들에게 만고의 모범을 세워 주신 스
님입니다. 이분도 항상 말씀하셨습니다. '일일부
작一日不作이면 일일불식一日不食이라'고. 이 말이 무
슨 뜻인가 하면, 하루 일하지 않으면 하루 먹지 않
는다는 뜻입니다. 일본이 물러가고 해방이 되어 부
지런히 일해야 할 지금도 손끝 하나 까딱하지 않
고 앵무새처럼 말만 앞세우고 편히 지내려는 사람
이 많습니다. 이런 사람들이 점점 많아진다면 나라
꼴이 어떻게 되겠습니까? 이제는 땀 흘리면서 먹고
사는 사람이 진정한 애국자입니다. 자기가 지은 밥
을 먹읍시다. 남의 노력으로 지은 밥을 얻어 먹으
려는 썩은 정신으로는 아무것도 이룰 수 없습니다.

함께 석탄을 캐고 있는 여러분과 우리 스님들은 이 점을 잊어서는 안 됩니다."

석탄의 검은 재가 얼룩얼룩 묻어 있는 광부들의 얼굴은 숙연해졌다. 그 뒤로 광부들은 양말과 두부를 봉암사에 시주하면서 성철 스님의 가르침을 받았다.

'부처님 법답게 살자'라는 가장 단순하고 원칙적인 목표를 지향한 봉암사 결사를 통해, 스님들은 차원 높은 교리의 습득보다는 작은 일 하나일망정 진실하게 실천하는 수행이야말로 더욱 중요하다는 것을 알게 되었다. 때로는 가장 단순한 실천이 천 마디의 고상한 말보다 몇 배 값진 경우가 있다. 그 목표가 대의에 입각해 있고, 실천자의 도덕적 품성이 높을수록 그 진가는 발휘된다.

여기서 우리가 한 가지 유념해 두어야 할 점은 이와 같은 봉암사 결사를 주도한 성철 스님의 생각이다. 성철 스님을 중심으로 결사에 참여한 스님들은 명성이나 이익을 얻기 위해서 봉암사 결사를 주도하지 않았다. 스님은 오랜 고민 끝에 '부처님 법답게 살자'라는 원칙적인 수행을 통하여 해이해진 스님들의 수도 정진을 일깨워서 실종된 한국불교의 법도를 다시 회복시키는 원동력을 찾고자 했던 것이다.

1947년에 시작된 봉암사 결사는 1950년 한국 전쟁으로 4년 만에 막을 내렸다. 남과 북이 갈리고 서로 다른 정치적 이념으로 분열되어 가는 세상을 바라본 스님은 시국이 심상치 않음을 미리 알고 한국전쟁이 일어나기 1년 전인 1949년 봉암사 결사를 청담 스님에게 맡긴 후 부산 근처의 월내 묘관음사로 자리를 옮겼다. 전쟁이 일어나자 빨치산 20여 명이 봉암사로 들이닥쳐 성철 스님을 찾았으나 스님이 없는 것을 알고는 성철 스님 대신 보경 스님을 총살하겠다고 산으로 끌고 갔다. 보경 스님은 갖은 고생 끝에 목숨을 건졌다. 지금도 당시의 일을 알고 있는 스님들과 신도들은 성철 스님의 선견지명을 수수께끼로 생각하고 있다.

스님은 도반인 향곡 스님이 계신 묘관음사에 머물며 동족 상잔의 비극으로 치닫고 있는 전쟁을 가슴 아파하며, 시련에 처한 민족의 고통을 함께하는 마음으로 더욱 혹독한 수행을 했다.

스님은 여기서 다시 어머니 강상봉과 딸 수경을 만나게 된다. 딸 수경과는 그때 처음 만나는 것이었다.

"스님, 손님이 오셨습니다."

어머니 초연성 보살과 두 눈이 초롱초롱한 딸아이가 방문 앞에 서 있었다.

"아, 어머니. 이 난리 통에 별고 없으십니까?"

"예. 스님도 별고 없으십니까? 저희도 고성 옥천사로 피난 갔다가 얼마 전에 집으로 돌아왔습니다."

어머니 초연성 보살은 스님인 아들에게 이제 경어를 쓰고 있었다. 강상봉은 이제 자신의 이름보다는 초연성이라는 불명이 진짜 자신의 이름처럼 자연스러웠다. 초연성 보살은 비록 아들이었지만 신도의 입장에서 성철 스님에게 경어를 쓰고 있는 것이었다.

"어머니, 왜 말씀을 그리하십니까? 말씀을 낮추십시오."

"아닙니다. 스님은 만인의 스승이신데, 내가 비록 에미라고는 하지만 어떻게 아들을 대하듯 하겠습니까?"

세월은 어머니와 아들을 그렇게 성숙하게 만들었다. 아니 그것은 불도의 힘이었다.

"아가, 수경아. 어서 네 아버지께 인사 올리거라. 이분이 네 아버지시다."

스님은 수경이를 바라보며 어디서 많이 본 듯한 눈매라고 생각했다. 어디서 보았을까? 수경의 눈매는 바로 소년 시절 자신의 눈매를 그대로 닮았다는 것을 알았다. '저 아이가 내 딸이란 말인가?' 아니었다. 이제는 아니었다. 아내 덕명도 수경도 자신의 출가로 인해 가슴 아픈 세월을 보냈으리라는 것을 잘 알고 있는 스님이었다. 그러나 이제는 모두 까마득한 전생의 인연일 뿐이었다.

"아버님, 제가 수경입니다. 그동안 안녕하셨습니까?"

"그래. 네가 수경이냐? 많이 컸구나. 그래 중학교를 다녔다고? 이제 세상이 조용하지면 공부를 계속해야지."

수경은 어려서부터 집에 계시지 않는 아버지를 그리워하기도 하고 원망도 했다. 그런 아버지를 이제 만난 것이다. 수경은 아버지의 얼굴이 이상하리만큼 야위었다고 생각했다. 햇빛과 바람에 탄 듯 꺼칠꺼칠한 얼굴이지만 그 얼굴에서는 강인한 정신력과 자비로움이 느껴졌다. 가혹한 고행의 흔적이 깊이 새겨진 그 얼굴이 바로 그토록 그리워하고 미워하던 아버지의 얼굴이었다.

"음… 수경이는 앞으로 무엇을 하겠느냐?"

"네. 중학교를 졸업하면 사범학교에 들어가 선생님이 되려고 합니다."

"선생님? 그래, 학생들을 가르치는 일보다 훌륭한 일은 없지. 열심히 공부해서 훌륭한 선생님이 되거라. 그리고 항상 자기 책임을 다하는 사람이 되어야 한다."

"네. 아버님."

"지금부터는 나를 아버님이라고 부르지 말고 스님이라고 부르도록 해라. 알겠느냐?"

수경은 이 날의 만남을 계기로 진주사범학교를 졸업하고 아버지의 길을 따라서 태백산 홍제암으로 출가하여 비구니가 되었다. 지금은 원로가 되어 있는 그 스님의 법명은 '불필不必'이다.

수경이 출가하자 덕명은 세속에서 더이상 자신이 할 일이 남아 있지 않다는 것을 알았다. 덕명도 그 옛날 남편이 그랬던 것처럼, 또 홀로 키운 딸이 그랬던 것처럼 묵곡리를 뒤로 하고 석남사로 입산하여 머리를 깎았다. 그녀가 받은 법명은 일휴였

163

다.

전쟁으로 집을 잃는 피난민들이 남쪽으로 남쪽으로 밀려 내려오기 시작하던 잔인한 여름도 지났건만 전쟁은 계속 확대되어 가고 있었다.

어느 날 봉암사에서 청담 스님이 찾아왔다.

"이보소, 성철 스님. 스님이 가시고 얼마 안 있어 전쟁이 터지지 않았습니까. 빨갱이들이 몰려와서 스님을 내놓으라고 성화를 부리고, 덕분에 보경 스님이 죽을 욕을 보고 절에 있는 물건들은 그놈들이 몽땅 털어갔습니다. 스님은 어떻게 그리 전쟁이 날 것을 미리 알았습니까? 사람들이 모두 스님보고 도인이라고 하던 걸요. 그러나저러나 이 전쟁이 쉽게 끝나지 않을 것 같은데 봉암사 스님들은 어떻게 할까요?"

성철 스님도 세월을 한탄하고 있을 수만은 없었다. 아무리 전쟁 중이라 하더라도 스님들이 수행을 그만둘 수는 없다고 생각하던 차였다. 어려운 때일수록 더욱 더 부처님의 가르침이 필요하며, 그 가르침을 실천하고 구하는 사람들이 있어야 한다고 생각한 스님은 청담 스님을 한동안 바라본 뒤 입을 열었다.

"청담 스님, 여기는 아무래도 좁아서 우리가 다 살 수는 없습니다. 스님은 원래 고성 옥천사 스님 아니십니까. 그 근처에 어디 얻을 만한 절 하나 없을까요?"

"아, 옥천사의 문수암이 좋겠습니다. 공부하기도 좋은 도량이고, 대중들이 머물 만한 방도 있고 하니 스님들을 그리고 옮깁시다."

"좋습니다. 그러면 그리고 옮깁시다. 전쟁 중이라고 해서 수행을 그만둘 수는 없습니다. 봉암사에서처럼 끊임없이 정진하도록 해야 합니다."

봉암사 스님들을 피난시킬 대책을 마련한 두 스님은 힘주어 두 손을 마주잡았다.

성철 스님은 봉암사의 스님들을 옥천사 문수암으로 피난시킨 다음, 자신은 통영군 벽발산의 안정사 산기슭에 초가삼간을 짓고 '천제굴闡提窟'이라 이름 붙이고 참선 수행을 계속했다. 천제란 죄악으로 가득 차서 부처가 될 마음을 내지 못하는 중생이라는 뜻이다. 자신이 수행하는 장소에 '부처가 될 수 없는 중생의 집'이라는 이름을 붙인 스님은 살육이 거듭되고 수많은 사람들이 형언할 수 없는 고통을 겪는 시대를 불성이 사라진 시대라고 생각하고 그 슬픔을 자신의 슬픔으로 여기고 있었던 것이다.

천제굴에서도 스님의 장좌불와와 생식은 계속되었다. 이 때문에 스님의 건강은 눈에 띄게 악화되었으나, 스님의 고행은 오히려 날이 갈수록 그 강도가 높아져 갔다. 스님의 고행을 지켜보던 주변의 스님들은 그의 고행을 만류했다. 그러나 성철 스님은 한마디로 거절했다.

"나라가 전란으로 수라장이 되고, 중생들은 이리 쫓기고 저리 쫓기며 고통에 신음하고 있소. 이렇게 어려운 시절일수록 우리 수행자들은 목숨을 건 용맹정진으로 고통받는 중생들의 손과 발이 되고 중생들의 의지처가 되어야 합니다."

이렇게 전란과 건강의 악화 속에서도 스님은 고행을 멈추지 않았다. 그리고 그 유명한 삼천배의 전통이 바로 이 천제굴에서 시작됐다. 전쟁으로 마음이 황폐해진 수많은 사람들이 스님의 덕망에 이끌려 끊임없이 천제굴로 몰려왔다. 그러나 스님은 그들에게 어떤 교리로써 가르치지 않고 절을 삼천 번씩 하면서 자기 자신과 가족만을 위하는 이기적인 욕망을 버리고 일체 중생이 모두 함께 행복하기

166

를 바라는 기도를 하라고 가르쳤다. 한 번 두 번의 절은 아무나 할 수 있다. 하지만 삼천 번이나 절을 하자면 무릎과 허리, 온몸이 아파서 도중에 그만두는 사람이 대부분이다. 그러나 포기하지 않고 계속해서 절을 하는 동안 자신의 잘못된 생각을 바로잡으며, 육체의 고통을 이기는 굳은 마음을 갖게 되는 것이다. 그래서 성철 스님은 삼천배를 해야 하는 까닭을 이렇게 설명하였다.

"흔히 삼천배라고 하면 '나를 만나기 위해서' 하는 것으로 아는데 그렇지 않다. 스님들은 부처님을 대신할 수 있는 사람이라고 말하지만, 내가 무엇으로 부처님을 대신하겠나. 그래서 '나를 찾지 말고 부처님을 찾으시오'라는 뜻으로 절을 하라는 것이지. 그래도 사람들이 자꾸 찾아오니까 그 기회를 이용해서 부처님께 절을 하라는 것이지. 그래서 삼천 번 절을 시켰는데, 그냥 절만 하는 것이 아니라 남을 위해 절하는 것이다. 그렇게 삼천 번 절을 하고 나면 그 사람의 마음속에 무언가 변화가 오지. 그 변화가 온 뒤로는 자연히 스스로 절을 하게 돼."

이런 일도 있었다. 하루는 절을 백 번도 못할

만큼 허약한 환자가 스님에게 와서 병을 낳을 수
있는 방법이 없겠느냐고 묻자 스님은 말했다.

"절이란 원래 절을 하는 곳이오. 절을 하면 마
음의 병이 없어지고, 마음의 병이 없어지면 몸뚱이
도 건강해지지 않겠소. 당신 병은 절을 하지 않아
서 생긴 병이니 아무 말 말고 삼천배를 하시오."

환자는 자신의 건강을 과신하고 아픈 사람들에
게 오만했던 자신의 편견을 생각하며 스님의 말씀
을 받아들였다.

"알겠습니다, 스님. 그럼, 죽더라도 삼천배는
하고 죽겠습니다."

밤을 세워 삼천배를 하던 환자는 육신의 고통
보다는 마음이 밝아지는 것을 느꼈다. 그 후 집으
로 돌아간 환자는 병이 씻은 듯이 나아서 사람들
에게 친절한 봉사를 마다하지 않는 불자가 된 일도
있었다.

스님의 독특한 가르침인 삼천배는 이후 많은
사람들이 자신의 집착과 오만을 버리고 육체의 교
만을 이길 수 있는 수행법이 되었다. 스님 자신도
80세가 넘는 고령임에도 불구하고 매일 새벽에 부
처님께 108배를 올린 분이다. 그래서 스님은 우리

에게 몸소 실천하는 스승의 모습으로 남아 있는 것
이다.

철조망 속의 십 년

1954년. 피비린내 나는 한국전쟁이 끝나고 폐허 속에서 평화가 깃들 무렵이었다. 마침내 정화 운동에 나선 비구 스님과 대처승 간의 갈등이 표면화되기 시작했다. 일본의 한국 침략과 함께 밀어닥친 일본 불교에 물든 대처승들은 민족의 기상과 자주성을 말살하려는 식민지 정책의 비호를 받으며, 결혼을 하고 처자를 거느리며 세속인과 다름없는 생활을 하고 있었다. 그들은 전국의 큰절 주지가 되어 재정을 장악하고 위세를 부렸지만, 정작 묵묵히 수행에 전념하는 비구 스님들은 산간 벽지의 사찰에 은둔하면서 수행의 명맥만을 간신히 잇고 있었다.

일본이 패망하고 물러간 해방 이후에도 이들 대처승들은 여전히 재빠른 변신을 거듭하면서 기득권을 유지하였고, 비구 스님들은 오갈 곳이 없는 처지로 한 철 안거할 곳을 찾아서 방황해야 했다.

성철 스님은 평소 이와 같은 비정상적이고 부패한 불교계를 오직 부처님 법대로 수행하는 불교로 개혁하기 위해서 봉암사 결사 등과 같은 수행자들의 공동체를 만들어 불교 정화의 기틀을 닦아 왔던 것이다.

1954년부터 시작된 불교정화운동의 직접적인 도화선은 성철 스님의 은사 스님인 동산 스님의 호소로 시작되었다.

1950년경부터 동산 스님의 가르침을 받기 위해 많은 수행승들이 범어사로 모여들자 범어사는 수행 중심의 도량으로 일신하게 되었다. 그러나 범어사의 재정을 쥐고 있는 대처승들은 비구 스님들에게 불만을 느끼고 사사건건 시비를 걸어 선방을 분열시키고자 했다. 이에 동산 스님은 전국의 비구 스님들에게 불교 정화를 위해 나서자는 격문을 띄웠다. 더욱 놀란 대처승측에서는 동산 스님의 추

171

방, 선방 이전 등의 강경한 입장을 취했으나 비구 스님들은 이에 굴하지 않고 선방을 지켰다.

이와 같은 사태는 마침 임시수도 부산에 있던 이승만 대통령에게 자세히 알려졌고 대통령은 "처자 있는 사람들은 물러가고 한국 고유의 승풍을 살리기 위해서 독신승이 사찰을 지키게 하라"는 담화문을 발표했다. 이에 더욱 힘을 얻은 비구 스님들은 1954년 6월 24일 '교단정화대책위원회'를 서울 안국동 선학원에서 구성한 뒤, 8월 24일에는 청담 스님이 주축이 되어 '제1차 전국비구승대표자대회'를 소집하고 불교정화운동의 기본 방향을 결정하였다.

이렇게 시작된 불교정화운동은 교계 신도와 국민들로부터 열정적인 지지와 성원을 받았으나, 기득권을 지키려는 대처승측과 이를 정화하려는 비구 스님측의 싸움은 가열되었다. 마침내는 사찰을 지키거나, 접수하기 위해 치고 받는 몸싸움이 벌어지고 끝없는 유혈 사태가 계속되었다. 그 과정에서 수많은 깡패들이 승복을 입고 정화 운동에 나서서 세간으로부터 "요즘은 깡패들이 스님 행세를 한다"라는 빈정거림을 받기도 했다.

사태 수습이 어려워지자 정화 운동을 주도하던 청담 스님과 은사이신 동산 스님까지 천제굴에서 수행 중인 성철 스님을 찾아와서 도움을 요청했다.

"우리가 옛날에 계획했던 불교정화운동의 불길은 이미 일어났습니다. 스님처럼 덕망 있는 선승이 나설 때가 바로 지금입니다. 우리 두 사람 힘을 모아서 이 혼란을 극복해 나간다면 정화는 반드시 성공할 것입니다."

그러나 정화 운동이 시작되면서 야기된 폭력과 유혈 사태가 불교계를 망치고 있는 현실을 직시한 성철 스님은 요지부동이었다.

"우리가 옛날에 생각했던 불교 정화는 이런 식이 아니었습니다. 참다운 불교 정화는 오직 부처님 법답게 살며 수행하는 데서 이루어지는 것이지, 깡패를 동원하여 절을 지키려는 쪽과 빼앗으려는 쪽의 아귀다툼으로 이루어지는 것은 아니지 않습니까. 불교가 정화되어야 한다는 원칙은 스님하고 같지만, 방법은 이게 아니라고 생각합니다."

"좋습니다. 스님 뜻이 정 그렇다면 할 수 없지요. 하지만 껍데기 정화는 내가 앞장서서 마무리할 테니, 스님은 계속 정진하여 훗날 중생들의 마

음을 정화해 주십시오. 앞으로 불교가 정화되고 새
로운 길을 가려면 스님처럼 수행만 하는 사람도 절
대 필요할 것입니다."

청담 스님은 결국 성철 스님의 뜻을 굽힐 수 없
었다. 하지만 성철 스님을 원망하지는 않았다. 왜
냐하면 지금 당장 물리적인 힘으로 정화를 이룬다
고 하더라도 불교는 새로운 기치를 내걸고 수행의
길을 걸어야 하기 때문이다. 그때는 싸움이 아니라
성철 스님처럼 수행과 덕망이 높은 선승이 불교를
이끌어 가야 할 것이었다. 수행의 자리를 버리고
모두 폭력과 유혈로 얼룩진 정화 운동에 나설 수는
없는 일이었다. 그리고 성철 스님은 당장은 물리적
인 힘에 의해서 이루어지는 불교 정화보다는 먼 미
래에 성취될 참다운 불교 정화의 길을 모색하고 있
었던 것이다.

정화 운동에 스님을 끌어들이려는 사람들은 계
속해서 찾아왔다. 가야산 해인사에서는 팽팽하게
대치 중이던 비구승측과 대처승측이 성철 스님을
주지로 모시기를 합의하고 각각 대표를 보내왔다.
그러나 스님은 주지직을 단호히 거절했다.

이제는 천제굴에서도 조용히 수행에 전념할 수

174

없게 된 스님은 팔공산 파계사 성전암으로 거처를 옮겼다. 당시 파계사 주지 스님은 성철 스님과 함께 봉암사 결사에 참여했던 종수 스님이었다. 성철 스님의 수행력을 익히 알고 있던 종수 스님은 성철 스님을 모셔다가 공부하도록 뒷바라지하는 것이 진정한 수행승이 없는 지금 세상에서 반드시 필요한 일이라 여기고 스님을 초청한 것이다.

성전암은 파계사에서도 가장 높은 곳의 산등성이를 깎아 세운 작은 암자였다. 성철 스님은 1955년부터 1964년까지 10년 동안 성전암에서 은둔하여 수도를 시작한 이래 한 번도 산 밑으로 내려가지 않고 참선 수행에 전념했다. 오로지 수도에만 전념하기 위해 자취를 감추고 성전암에 은둔했지만 이미 전설처럼 세상에 전해지고 있는 이야기의 주인공, 스물 아홉의 나이에 깨달음을 얻었다는 스님을 뵙고자 많은 사람들이 찾아왔다.

'저 사람들은 왜 자신이 본래 부처임을 바로 보지 못하고 밖에서 깨달음을 구하는가?'

이런 생각으로 스님은 서글픔을 느꼈다. 그때마다 스님은 사람들에게 "나는 산에 사는 산승일 뿐이오. 나를 찾지 마시고 부처님을 찾으시오. 나

175

한테 속지 마시오!"라고 간곡히 말했다. 그래도 찾아오는 사람들이 계속 늘어나자 스님은 성전암 주변에 아예 철조망을 쳐 버렸다. 스스로를 세상에서 유폐시키고 오직 불교의 세계로 걸어 들어가기 위한 스님의 선택이었다.

스님은 봉암사 시절부터 참된 수행자는 부러지고 이지러진 마른 나무 막대기와 같이 되지 않으면 안 된다고 강조해 왔다.

"부러지고 이지러진 나무 막대기는 나무꾼도 돌아보지 않는다. 땔나무도 되지 않기 때문이다. 불 땔 물건도 못되는 나무 막대기는 천지간에 어디 한 곳 쓸 곳이 없는 아주 못 쓰는 물건이니, 이러한 물건이 되지 않으면 참된 수행자가 되지 못한다. 오직 영원을 위하여 모든 것을 다 버리고, 세상을 등진 사람이 되어야 한다."

이처럼 스스로 절대 고독의 길을 택한 스님은 참선 수행 중에도 우리나라 불교의 바른 길을 모색하면서 실로 많은 경전과 선어록을 읽었다. 이때의 독서는 훗날 스님의 수많은 저서로 결실을 맺게 된다.

세월은 팔공산의 봉우리들을 스치며 지나가는 구

름만큼이나 빠르게 지나갔다. 불교계의 소란스럽던 정화의 외침도 비구 스님들의 승리로 잦아들고, 1960년 5월 16일 군인인 박정희 소장을 중심으로 쿠데타가 일어났다. 쿠데타 직후 박정희 소장은 휘하의 한 장군을 파계사 성전암으로 보내서 수행 중인 스님을 만나게 했다. 성전암의 철조망을 헤치고 들어온 군인은 성철 스님에게 말했다.

"각하께서 저를 보내셨습니다. 지금 불교계도 어지럽지만 사회는 더욱 어지럽습니다. 저희는 쓰러져 가는 나라를 바로잡기 위해서 혁명을 일으켰습니다. 부디 스님께서 나오셔서 저희들을 좀 도와주십시오. 각하의 요청입니다."

"내가 나가서 무슨 일을 하겠는가? 산승의 소임은 그저 산을 지키는 것뿐이오."

"지금은 그렇게 한가한 때가 아닙니다. 스님께서 나오셔서 민심을 달래시고 저희들의 자문에도 응해 주십시오."

"바쁜 건 내가 아니고 당신들이오. 내가 그 각하라는 양반이라면 '부디 열심히 수행이나 잘하시오'라는 전갈을 보내겠소."

"지금 하신 말씀을 그대로 전해 올려도 되겠습

니까?"

"아, 한 마디 더 있소. '당신은 지금 삼천만 명의 부처를 공양해야 할테니 공양 올리기에 힘쓰시오' 라는 말을 전해주시오."

장군은 자신들의 간곡한 요청을 당당한 어조로 묵살하는 스님에게 화가 났다.

"그 말씀뿐입니까? 그럼, 스님도 자기 부처를 잘 공양하시기 바랍니다."

말을 마친 장군은 그대로 산을 내려가 버렸다.

성철 스님은 세상 일을 모두 잊은 듯 혹독한 고행을 통해 깨달음의 세계로 더욱 깊이 몰입하고 있었다.

1965년. 성전암의 철조망을 걷어내고 쉰이 훨씬 넘은 성철 스님이 걸어 나왔다. 마흔 넷의 나이로 은둔을 시작한 후 쉰 넷이라는 나이가 되어 스스로를 고독 속에 유폐시켰던 철조망 속에서 걸어 나온 것이다. 그 은둔의 세월 동안 스님의 육신은 많이 노쇠해졌지만 더욱 숭고한 기품을 가진 노승의 모습으로 변모해 있었다.

10년 만에 팔공산 성전암을 떠나온 성철 스님은 경남 다대포 바닷가의 작은 암자에 머물며 여름 안거를 보냈다. 산 위에서 보낸 10년의 세월이 그로 하여금 바다를 찾게 한 것일까? 그 해 여름 성철 스님은 서산 간월암에서 철썩이는 파도소리를 들으며 공안을 참구하던 서른 한 살 때를 회상하며 푸른 바다가 보고 싶었는지도 모른다. 바다는 육지의 끝이 아니라 바로 육지의 새로운 시작이었던 것이다.

여름이 끝나 갈 무렵 서울의 삼각산 도선사에 자리를 잡은 청담 스님을 만나 본 스님은 문경 김용사로 걸음을 옮겨서 1년간 머문다. 이때 한 사람의 젊은 구도자가 스님과 뜻깊은 해후를 하게 된다. 그는 바로 동국대학교 불교대학 교수로 재직하다가 성철 스님의 가르침을 받고 출가하여 3년간 수도 생활을 한 뒤 다시 환속하여 미국 뉴욕주립대학에서 불교를 가르치고 있는 박성배 교수다.

1965년 7월 31일, 몹시 더운 여름날이었다. 그날 박성배는 성철 스님의 가르침대로 대학생불교연합회 구도부 회원 13명을 인솔하여 김용사 법당에서 삼천배를 하고 있었다. 다른 절에서라면 지도교수는 학생과는 달리 편하고 후한 대우를 받았겠지만 김용사에서만큼은 성철 스님의 불호령 때문에 그러지 못했다.

"구도의 마당에 학생이고 지도교수고 무슨 차별이 있느냐?"

스님의 불호령을 들은 박성배는 꼼짝없이 학생들과 함께 울며 겨자먹기로 삼천배를 해야 했다. 박성배는 백 번의 절을 하고 나니 미칠 것만 같았다. 한여름의 더위와 몸 속에서 나는 열이 합쳐져서 몸은 확확 달아오르고 숨은 콱콱 막혔다. 절을 삼백 번 할 때까지는 그런대로 견딜 수 있었지만, 오백 번을 할 때가 고비였다. 이미 박성배와 학생들의 옷은 물 속에 빠졌다가 나온 사람들처럼 땀으로 흠뻑 젖어 있었고, 절을 하는 게 아니라 쓰러졌다가 다시 일어나는 동작만을 되풀이할 뿐이었다. 두 무릎은 깨지고 피가 얼룩지기 시작하자 학생들은 불평하기 시작했다.

"불교는 자비의 종교라고 들었는데, 이게 자비의 종교에서 하는 짓입니까?"

박성배는 버럭 소리를 지르며 학생을 나무랐다.

"사람이 한번 하기로 했으면 하는 거야. 자비의 종교인지, 잔인한 종교인지는 다 하고 난 다음에 따지자."

무려 13시간에 걸쳐 삼천배를 마친 박성배에게

는 몇 가지 생각의 변화가 다가왔다. 그것은 지식으로 무장한 자신이 무장해제를 당한 경험이었다. 박성배는 당시의 체험을 "몇 푼 어치 안되는 지식을 가지고도 내가 남보다 많이 안다는 것을 증명하기 위해 그동안 얼마나 수고를 했는가?"라고 회상하고 있다.

이들은 삼천배가 끝난 다음날부터 성철 스님으로부터 일주일간 불교의 가르침에 대한 설법을 들었다. 스님의 설법은 당시까지 박성배가 가지고 있던 신앙과 학문의 관계에 대한 많은 의심을 풀어주었다. 아직 대학에서 가르치기 시작한 지 몇 해 안되는 신출내기 30대의 조교수였던 박성배는 스님의 설법을 통해서 선비의 긍지라고도 할 수 있는 지식에 대한 자부심이 교만이었다는 것을 깨달았다. 스님은 이들에게 『화엄경』「보현행원품」을 열심히 독송하고 그대로 실천할 것을 당부했다. 서울로 돌아온 박성배와 학생들은 「보현행원품」을 읽고 또 읽었다. 아침에도 읽고, 저녁에도 읽고, 한글로도 읽고, 영어로도 읽고, 한문으로도 읽었다.

언제 어디서나 부처님을 찬탄하리

언제 어디서나 부처님을 존경하리

내 가진 모든 것을 부처님께 바치리

잘못한 일은 무엇이나 피눈물로 참회하리

항상 중생을 부처님으로 섬기리

「보현행원품」은 아무리 읽어도 싫증나지 않았다. 그러나 실천하기는 어려웠다. 위대한 일을 해내려면 그 일을 해낼 만한 힘이 어딘가에 나와야 하는데 그 힘이 어디서 생겨나는지 알 수 없었던 것이다. 고민하던 박성배는 그해 겨울 다시 김용사로 찾아가 스님을 뵈었다. 성철 스님은 박성배를 보자마자 말했다.

"눈이 바깥으로만 쏠려 있구나. 너희들에겐 「보현행원품」이 약이 아니라 독이로다. 안 보이는 마음을 튼튼히 꾸릴 줄 모르고 눈에 보이는 겉모양만 꾸미고 있으니 어리석지 않느냐."

박성배는 스님의 질타 앞에서 충격을 받고 눈에 안 보이는 마음의 뿌리를 튼튼히 가꾸기 위해서, 교직도 가족도 버리고 출가할 것을 결심했다.

이듬해 봄, 박성배는 학교에 사표를 내고 김용사로 떠났다. 출가할 뜻을 밝히는 박성배의 이야기를 들은 성철 스님은 말했다.

"자네의 뜻이 정 그렇다면 삼천배를 3주 동안 매일 계속하거라. 절을 하면서 출가의 의지도 다지고, 인내심도 기르도록 하거라."

박성배는 얼른 계산도 되지 않을 만큼이나 많은 절을 하라는 스님의 말씀이 조금도 두렵지 않았다. 그리고 지난 여름, 그렇게 힘들이며 하던 삼천배보다 수월하게 모두 6만 3천배의 절을 거뜬히 해냈다. 자신의 결심 여부에 따라 모든 일은 쉬울 수도 어려울 수도 있었던 것이다.

3주 동안의 절을 마친 박성배는 성철 스님의 문하에 출가했다. 그 후 3년간 스님을 모시며 수행하던 그는 1968년 2월, 스님에게 하직 인사를 올리고 해인사를 떠나 다시 세속으로 돌아갔다. 그리고 1년 후 미국으로 건너가 뉴욕주립대학교에서 불교를 가르치며 한국불교를 알리는 데 전념했다. 스님의 가르침을 받은 그는 깊이 있는 불교의 가르침을 누구라도 알기 쉬운 언어로 설명하는 뛰어난 불교학자 중의 한 사람으로 평가받고 있다. 그만큼 그는 지식이나 말보다는 마음의 깨달음을 중시하는 성철 스님의 가르침을 깊이 이해하고 있는 것이다.

자기를 바로 봅시다

1966년. 성철 스님은 자신이 처음 불문에 들어왔던 해인사로 향한다. 해인사에는 봉암사에서 함께 수행했던 스님들이 자신을 기다리고 있었다. 그리고 1967년, 스님은 56세의 나이로 해인총림의 방장으로 추대된 후 제3대, 제4대, 제5대 방장에 추대되어 수많은 후학들을 지도하면서 해인총림을 명실공히 한국 최고의 수도 도량으로 가꾼다.

스님은 해인사의 방장으로 추대된 후 제일 먼저 해인사를 불교의 종합 수도원 격인 총림으로 만드는 데 힘썼다. 한국불교의 정신적 고향인 해인사의 최고 지도자로 추대된 스님은 승려들의 교육이 다른 무엇보다도 시급하게 느껴졌던 것이다.

해인사는 그냥 해인사라는 단순한 절 이름보다는 해인총림이라는 이름이 더 잘 어울리는 절이다. 총림이란 풀이 많이 우거져 떨기를 이루며 무성히 자라는 모양을 나타낸 떨기 총叢 자와 나무가 숲을 이루면서 곧게 자라는 모양을 나타낸 수풀 림林 자가 합해져서 이룬 단어 그대로, 수많은 스님들이 모여서 화합하며 함께 배우고 수행하는 도량을 말한다.

총림은 참선을 전문으로 수행하는 선원과 경전을 중심으로 공부하는 강원, 불교의 계율을 공부하는 율원으로 이루어진 종합 수도도량이다. 이를테면 여러 개의 단과대학이 모여서 이루어진 종합대학과 같은 성격을 가진 승원인 것이다.

성철 스님의 후학 교육에 관한 의지는 언제나 놀라울 정도로 굳건하였다. 언젠가 스님은 스님들의 교육에 대해서 이렇게 말했다.

"스님 자신도 불교를 모르면서 어떻게 다른 사람을 지도하겠어요. 우리는 법당의 기왓장을 벗겨 팔아서라도 스님들을 가르쳐야 불교가 제 구실을 하고 전통을 계승할 것으로 믿고 있어요. 종단이 안정되면 제일 먼저 할 일이 스님들 교육이라고 생각합니다. 최근에는 우수한 인재들이 절에 들어오고 있어 교육만 제대로 시키면 한국불교의 전통이 되살아날 것으로 확신하고 있습니다."

스님들의 교육을 위해서는 "법당의 기왓장이라도 벗겨 팔아야 한다"는 성철 스님의 의지는 해인사를 총림으로 만들고 후학 지도와 중생 교화를 위한 거룩한 희생으로 실천되었다. 그래서인지 현재 우리나라 불교계를 이끄는 많은 스님들은 성철 스님의 지도를 받고 해인총림에서 공부한 스님들이다.

해인총림의 방장으로 추대된 성철 스님은 1967년, 여름 안거 내내 하루에 두세 시간씩 하루도 빠짐없이 법문하였다. 이를 '백일법문'이라고 하는데 불교의 출발점인 초기불교에서 시작하여 대승불교, 중국불교, 우리나라 불교의 핵심적인 가르침을 스님의 깊은 식견으로 설법하신 기념비적인 가르침이다.

또한 여름 안거와 겨울 안거에는 반드시 수백 명의 해인사 스님들이 빠짐없이 참석하여 일주일씩 허리를 바닥에 대지 않고 참선하는 용맹정진을 실시하였다. 해인총림의 용맹정진은 일주일 동안 드러눕거나 잠을 자지 않고 24시간 내내 참선하는 매우 고된 수행법이다. 이미 연세가 높으신 성철 스님이었지만 용맹정진에 한 번도 빠지지 않고 후학들과 함께 참선하면서 그들을 지도하였다.

어느 해의 용맹정진 기간에 일어난 일이다. 어느 모임이건 게으름을 피우는 사람이 있기 마련이듯 용맹정진에 참석한 젊은 스님 몇 명이 정진 시간을 지키지 않고 다른 방에 가서 게으름을 피우고 있었다.

"어휴, 큰스님은 너무 지독하셔. 우리가 이렇게 살인적인 참선을 한다고 깨달을 수 있을까? 큰스님처럼 뛰어난 인물도 아닌데."

"미치겠구만. 제발 잠 좀 푹 잤으면 소원이 없겠어."

그때였다. 성철 스님이 언제나 들고 다니시며 대중들의 게으름을 꾸짖으시던 방방이를 들고 들어오셨다. 그리고 젊은 스님들을 마구 후려치면서 큰소리로 꾸짖었다.

"일나라, 일라. 이 돼지 새끼들아. 중이 됐으면 밥값을 해야지. 이 못난 놈들아!"

187

젊은 스님들은 모두 벌떡 일어나 법당으로 가서 다시 참선 수행을 할 수밖에 없었다.

성철 스님은 젊은 스님들의 뒤를 쫓아다니면서까지 그토록 철저한 지도를 베풀었던 것이다. 성철 스님은 아직 수행이 미숙한 후학들을 위해 다음과 같은 수도 규칙을 말씀하시며 실천할 것을 가르쳤다.

"정진은 일상과 꿈속과 잠 속에서 한결같이 동일하게 되어야 조금 상응함이 있으니 잠시라도 화두를 중단함이 있으면 안 된다. 정진은 필사의 노력이 필수 여건이니, 등한하고 게으르면 미래 겁이 다하도록 깨달음을 성취하지 못하나니 다음의 조항을 엄수해야 한다.

첫째, 하루 네 시간 이상 자지 않는다.

둘째, 벙어리같이 지내며 잡담하지 않는다.

셋째, 문자에 집착하지 않는다.

넷째, 포식, 간식을 하지 않는다.

다섯째, 적당한 노동을 한다."

평생을 하루같이 부처님의 가르침을 탐구하고 실

천해온 성철 스님의 가르침은 전국의 수많은 스님들과 신도들에게 깊은 감동을 주었다. 백련암에는 항상 스님을 뵙고자 하는 사람들이 몰려왔으나 삼천배를 하지 않으면 스님을 뵐 수가 없었다. 사람들은 삼천배를 통해서 자신을 비우는 겸손과 굳은 의지를 다지고 스님의 가르침을 들었던 것이다.

안다는 것은 무엇인가.
사람은 어디서 와서 어디로 죽어가는 것일까.
많은 것을 알게 하고 생각하게 하는
이 마음이란 무엇일까.
영원한 것과 영원하지 않은 것은 무엇인가.
우주는 꼭 형상 있는 것과 형상 없는 것으로만
이루어져 있는 것일까.
삶을 바르게 산다는 것은 무엇일까.

이와 같은 질문을 가슴에 품었던 소년은 이제 70세의 노승이 되어 있었다. "만고의 진리를 향해 모든 것 다 버리고 초연히 내 홀로 걸어가노라"라는 시를 남긴 채 가족을 버리고 출가하여 깨달음을 얻기 위해 자신을 극한까지 몰아붙인 고행자, 그리고

동화사 금당선원에서 감격적인 깨달음을 얻은 선
승, 서산 간월암에서 갈대가 서걱이는 소리를 들으
며 참선으로 밤을 새우던 고독했던 사람, '부처님
법대로 살자'라는 기치 아래 봉암사 결사를 이끌어
나갔던 수행자, 파계사 성전암에서 철조망을 치고
십 년이나 두문불출한 은둔자, 해인사에 부처님 법
답게 수행하는 총림을 건설한 교육자 성철 스님은
1981년 대한불교조계종의 종정에 추대되었다.

　　조계종의 종정은 불교계의 최고 어른으로서 모
든 스님들과 신도들의 존경을 한몸에 받으며 종단
을 이끌어가는 스님 중의 스님이며, 불교의 정신
세계를 상징하는 막중한 직책이다. 한국불교를 명
실공히 대표하는 종단의 수장이 바로 종정 스님이
다. 그러나 스님은 불교계의 지도자들에게 다음과
같은 가르침만을 내린 후 모습을 나타내지 않았다.

　　첫째, 부처님의 계율을 맑고 깨끗하게 지켜라.
　　둘째, 서로 화합하고 존경하라.
　　셋째, 항상 모든 중생을 이익케 하라.

스님이나 속인이나 할 것 없이 서울로 서울로 몰려

가서 명예와 재물을 구했건만 스님은 종정에 추대
된 이후에 한 번도 서울에 모습을 나타내지 않았
다. 스님은 푸른 산의 영원한 부처였던 것이다.

서울 조계사에서 스님의 종정 추대식이 열리던
1981년 새해 1월 15일, 스님은 모습을 나타내지 않
고 한 장의 작은 종이 쪽지만을 세상에 보냈다. 그
종이에는 종정 추대에 즈음한 짤막한 법어 몇 줄만
이 적혀 있었다.

뚜렷이 깨달음 널리 비치니
고요함과 없어짐이 둘 아니로다
보이는 만물은 관음이요
들리는 소리마다 묘한 이치로다
보고 듣는 이것 밖에 진리가 따로 없으니
아아! 여기 모인 대중은 알겠는가
산은 그대로 산이요
물은 그대로 물이로다.

성철 스님의 법어가 발표되던 날, 각 신문과 방송
들은 스님의 법어를 보도하느라고 분주했다. 사람

들은 사무실에서, 학교에서, 거리에서 "산은 산이요, 물은 물이로다"라는 알듯 말듯한 스님의 법어를 되뇌이며 고개를 갸웃거렸다. 사람들은 우스개 삼아 "산은 산이요, 물은 물이로다"라고 스님을 흉내 내지만, 스님의 법어에 담긴 깊은 뜻을 아는 사람은 많지 않았다.

이후 스님은 매년 새해와 초파일, 여름과 겨울 안거 때마다 사람들이 알기 쉬운 법어를 발표했다. 사람들은 스님의 법어를 손가락을 짚어가면 읽으면서 그 뜻을 가슴에 새겼다. 1982년 초파일 법어는 특히 유명하다.

자기를 바로 봅시다.
자기는 원래 구원되어 있습니다.
자기가 본래 부처입니다.
자기는 항상 행복과 영광에 넘쳐 있습니다.
극락과 천당은 꿈속의 잠꼬대입니다.
자기를 바로 봅시다.
자기는 시간과 공간을 초월하여 영원하고
무한합니다.
설사 허공이 무너지고 땅이 갈라져도 자기는 항상

변함이 없습니다.
유형 무형 할 것 없이 우주의 삼라만상이
모두 자기입니다.
그러므로 반짝이는 별, 춤추는 나비 등등이
모두 자기입니다.

자기를 바로 봅시다.
모든 진리는 자기 속에 구비되어 있습니다.
만약 자기 밖에서 진리를 구하면,
이는 바다 밖에서 물을 구함과 같습니다.
자기를 바로 봅시다.
자기는 영원하므로 종말이 없습니다.
자기를 모르는 사람은 세상의 종말을 걱정하며
두려워하여 헤매고 있습니다.
자기를 바로 봅시다.
자기는 본래 순금입니다.
욕심이 마음의 눈을 가려 순금을 잡철로 착각하고
있습니다.
나만을 위하는 생각은 버리고 힘을 다하여 남을
도웁시다.
욕심이 자취를 감추면 마음의 눈이 열려서,

순금인 자기를 바로 보게 됩니다.

자기를 바로 봅시다.

아무리 헐벗고 굶주린 상대라도 그것은

겉보기일 뿐, 본 모습은 거룩하고 숭고합니다.

겉모습만 보고 불쌍히 여기면, 이는 상대를 크게

모욕하는 것입니다.

모든 상대를 존경하며 받들어 모셔야 합니다.

자기를 바로 봅시다.

현대는 물질만능에 휘말리어 자기를 상실하고

있습니다.

자기는 큰 바다와 같고 물질은 거품과 같습니다.

바다를 봐야지 거품을 따라가지 않아야 합니다.

자기를 바로 봅시다.

부처님은 이 세상을 구원하러 오신 것이 아니요,

이 세상이 본래 구원되어 있음을 가르쳐 주려고

오셨습니다.

이렇듯 크나큰 진리 속에서 살고 있는 우리는

참으로 행복합니다.

다 함께 길이길이 축복합시다.

이처럼 성철 스님은 누구나 알기 쉬운 말씀을 통해

서 불교의 가르침을 전했다. 물론 참선하는 스님들에게는 아주 어려운 한문으로 된 법문을 하셨지만, 일반 신도들에게는 마음의 양식이 될 좋은 말씀을 가능하면 알기 쉽도록 전한 것이다. 불교를 공부하는 유명한 학자나 수행을 많이 했다는 스님일수록 어려운 말이 가득한 불교 이야기를 하는 것으로 자랑을 삼는 것이 보통이지만, 스님 중의 스님이며, 불교를 공부하는 모든 학자들의 스승인 성철 스님은 어린이들도 알아들을 수 있는 말투로 부처님의 가르침을 전한 것이다.

여기서 스님의 지혜는 우리가 생각하는 것보다 크고 넓다는 것을 알 수 있다. 지혜란 무엇일까? 현대의 우리는 신경을 예민하게 쓰거나, 두뇌를 빠르고 날카롭게 사용하여 얻은 지식의 축적을 지혜라고 생각한다. 그러나 참다운 지혜란 훨씬 더 자연스럽고 이웃의 처지를 생각하는 마음, 삶의 모든 과정을 포괄하는 커다란 깨달음이 아닐까?

성철 스님의 경우처럼 초인적인 고행으로 불도에 정진하건, 학문에 매진하건, 운동에 전념하건, 어떤 일에 오랜 세월 꾸준히 정진하면 그 일과 사람은 하나가 되어 자연스럽게 된다. 그리고 그 일은 축적

된 지식이나 기술이 아니라 자신의 의지와 몸이 자연스럽게 하나가 되어 이루어진다. 즉 지식이나 기술이 일을 하는 것이 아니라, 인간의 순수하고 유연한 지혜가 일을 하는 것이다. 그 지혜는 가장 순수하게 승화된 인간의 굳센 생명력인 것이다.

성철 스님의 법어는 바로 인간의 가장 순수하고 유연한 지혜에서 우러나온 말씀이다. 우리는 이 점을 성철 스님이 내린 법어의 특징이라고 보아도 좋을 것이다.

전설로 남겨진 이야기들

'돈만 있으면 무엇이든 다 이룰 수 있다'라는 물질적인 척도가 인간의 가치를 지배하는 이 황폐한 시대에 성철 스님은 50년 동안이나 누덕누덕 기우고 헝겊을 잇대어 꿰맨 누더기 옷을 입고 우리 앞에 나타나서 영원한 정신의 왕국을 보여 주고 깨달음의 회랑을 뚜벅뚜벅 걸어서 떠났다. 스님은 높은 덕망과 철저한 수행을 통해서 수없는 일화를 남겼다. 그만큼 스님이 사람들에게 끼친 영향이 컸다는 것을 알 수 있다. 우리들의 우매한 영혼을 일깨우려는 스님의 방편이었을까? 게으름과 사치를 싫어

한 스님의 청빈한 생활은 유명하다. 해인사의 최고 지도자로서, 불교계의 원로로서 무엇 하나 부족할 것이 없는 스님이며, 묵곡리의 부유한 집에서 태어난 스님이었지만 자신의 생활은 일반인들이 상상도 할 수 없을 만큼 청빈했다.

어느 날 백련암의 살림을 맡고 있던 원주 스님은 성철 스님이 공양을 마친 뒤 바리때 곁에 놓아둔 이쑤시개를 무심고 버렸다가 스님에게 불호령을 맞았다.

"이쑤시개를 어디다 치웠나?"

"에. 스님, 아까 공양을 끝내시고 다 사용하신 것 같아서 버렸습니다."

"그걸 왜 버려. 니가 사 온 물건이냐. 다 시주 물건이지. 아둔한 놈 같으니."

스님은 이쑤시개 한 개, 심지어는 농약 때문에 과일의 껍질을 두껍게 벗기는 제자들에게도 물건의 소중함을 알아야 한다고 강조할 정도의 검소한 생활로 생애를 보냈다.

스님은 평생 회색 광목 옷만을 스스로 기워 입고 양말과 내복도 직접 기워 입었다. 겉에 입는 누더기는 스님의 출가 초기부터 오십 년 이상 기워

입은 옷으로서 훗날 이 누더기가 세상에 공개되었
을 때 많은 국민들은 자신들의 분수에 넘치는 사치
스런 생활을 크게 뉘우쳤다고 한다.

이와 같은 스님의 청빈은 "승려는 신도들이 가
져다 주는 시주 물건으로 수행하는 것이니 언제나
검소하고 절약하며 살아야 한다"는 스님의 말씀에
바탕을 두었다.

다음은 후학을 생각하는 스님의 어버이 같은 마음
이 담긴 이야기이다.

성철 스님은 어느 날 젊은 스님들 몇 명을 백련
암으로 불렀다. 아직 젊은 학인들이어서 몰래 맥주
를 마시기도 하던 스님들은 웬일로 큰스님께서 자
신들을 부를까 궁금해하며 백련암으로 올라갔다.
성철 스님은 불안한 표정으로 무릎을 꿇고 앉아 있
는 학인들의 얼굴을 한참 들여다보다가 나직이 말
했다.

"니들 삐루(맥주) 마시제."

학인들의 가슴은 뜨끔했다. 학인들은 누구 하
나 대답하지 못하고 꿀먹은 벙어리처럼 앉아 있었
다. 한참 후, 한 학인이 기어들어가는 목소리로 "네"

하고 대답했다. 스님은 자상한 목소리로 말했다.

"자석들, 대답은 잘하는구먼. 삐루는 썩은 물인
기라. 니들 썩은 물 좀 작작 마시거라. 그러면 크게
공부 못하고 말제."

스님의 말씀은 그것뿐이었다. 그때 스님의 가
르침을 받았던 한 학인은 훗날 스님의 가르침이 친
아버지의 가르침보다도 더 자상해서 몸둘 바를 모
르고 크게 뉘우쳤다고 말했다.

스님이 머무는 해인사 백련암에는 수많은 사람
들이 당대 최고의 고승이며 전설적인 수행을 한 스
님을 만나기 위해서 끊임없이 몰려왔다. 그들 가운
데에는 삶의 길을 찾는 사람, 인생의 진리를 구하
는 학생, 엄청난 부자와 권력자들도 많았다. 그런
데 어떤 부자나 권력자들은 항상 거드름을 피우면
서 '내가 누군데'하는 심정으로 자신의 부와 명예를
과시하고자 했다.

어느 해 여름, 대구의 고등법원장은 스님을 뵙
고 싶었으나 스님을 만나려면 지위 고하를 막론하
고 해야 하는 삼천배가 엄두가 나지 않았다. 생각
끝에 스님의 가르침을 받고 있던 국회부의장 장모
씨에게 부탁하여 자신을 소개하는 소개장을 얻어

서 해인사를 방문했다. 법원장이 땀을 뻘뻘 흘리며 백련암으로 올라갔을 때 허름한 광목 옷을 입은 한 노승이 계곡에서 빨래를 하고 있었다. 노승은 옷가지에 비누칠도 하지 않고 계곡물에 휘휘 내젓고 발로 몇 번 밟은 뒤 나뭇가지에 걸어 놓는 것이었다. 법원장은 빨래를 하고 있는 노승의 모습이 참 진기하다고 생각하며 물었다.

"성철 스님은 어디 계십니까?"

"어디서 왔노. 와 찾노?"

법원장은 자존심이 상했지만 연세가 많은 노승인지라 꾹 참으면서 자신의 명함과 국회부의장의 이름이 적힌 소개장을 꺼내 보여주었다.

"네가 대구 고등법원장이건 말건 나는 아무것도 모른다. 그리고 요새는 국민학교 학생들도 소개장 같은 거 들고 댕기지 않는다. 법원장이라는 사람이 산중에 소개장을 들고 댕기는 것을 보니 국민학교 학생들만도 못하구나. 그래 가지고 법원장 노릇을 어떻게 하노. 가라, 성철이 없다."

법원장은 하도 망신스럽기도 하고, 이 고집쟁이 노승하고는 대화도 안 될 것 같아서 아무 소리 못하고 해인사로 내려와서 주지 스님에게 불평을

늘어놓았다.

"백련암에 가니까 성철 스님은 안 계시고 고집
스럽게 생긴 웬 노승이 있는데 말씀을 아주 고약하
게 하더군요. 성철 스님을 뵈러 온 사람을 그렇게
예의 없이 대해도 되는 것입니까?"

해인사 주지 스님은 빙긋이 웃으며 말했다.

"바로 그분이 성철 스님이십니다. 스님은 지난
1978년 대구, 마산간 고속도로 개통식에 참석한
박정희 대통령이 해인사로 스님을 찾아왔을 때도
'우리는 갈 길이 다른 사람'이라고 하며 만나 주지
않았던 분입니다. 높은 신분에 있다고 교만해진 사
람들은 스님께 가면 무척 혼이 나고 갑니다. 한번
더 백련암으로 가 보십시오. 스님이 만나 주실 것
입니다."

법원장은 성철 스님과 같이 덕 높은 스님이 빨
래 같은 것을 하리라고는 생각지 못했던 것이다.
그리고 법원장이라는 직위에 있으면서 해인사까지
세속의 소개장을 들고 온 자신을 야단친 성철 스님
이 한없이 고맙게 생각되었다. 높은 연세에도 불구
하고 손수 빨래를 하는 성철 스님처럼 무엇이든 직
접 부딪혀야 한다는 작은 깨달음이 있었기 때문이

다. 법원장은 그 길로 다시 백련암으로 올라가 성철 스님을 뵙고 스님의 가르침을 받았다.

스님은 어린이들을 '천진한 부처님'이라고 말하고 평생 어린이들을 사랑하였다. 꾸밈없이 솔직한 어린이들의 동심이 스님에게는 부처님 마음으로 여겨졌던 것이다. 설날에는 해인사 아랫마을에 사는 어린이들이 스님께 세배하러 무리지어 백련암으로 올라가는데 그날은 어린이들의 잔칫날이다.

어느 해 설날, 어린이들과 한참 어울린 스님은 백련암 토방 위에 서 계셨다. 그때 한 어린이가 뒤에서 몰래 다가와 갑자기 스님의 등을 밀었다. 깜짝 놀라서 달려온 제자들은 장난을 친 어린이들을 나무랐다. 그러나 스님은 오히려 제자들을 나무라는 것이었다.

"니들은 뭐 잘하는 게 있노? 아이들은 천진한 부처님이다. 그러니 장난도 치고 그런 것이지. 니가 부처님을 야단칠 자격이나 있나?"

어린이들을 스스럼없이 친구처럼 생각한 성철 스님은 항상 어린이들에게 옛날 이야기를 자상하게 들려주는 다정함을 보여주기도 했다. 스님은 어린이들에게 무궁무진한 이야기를 알고 있는 할아버지처럼 아름답고 슬픈 이야기, 신나는 모험 이야기, 산에 사는 짐승들의 이야기를 언제나 재미있게 들려주곤 했다.

어린이들뿐이 아니었다. 스님은 사람을 차별하는 것을 제일 싫어했다. 그래서 제자들에게도 사람은 차별할 수 없는 귀한 존재라는 것을 가르치고 항상 마음을 낮추어서 겸손하게 살아가는 규칙을 명심하라고 일렀다. 이 규칙을 '하심下心의 다섯 가지 덕목'이라고 부른다.

첫째, 도가 높을수록 마음은 더욱 낮추어야 하니 모든 사람들을 부처님과 같이 존경하며 원수라고 할지라도 부모와 같이 섬긴다.

둘째, 어린이나 걸인이나 어떠한 악인이라도 차별하지 말고 지극히 존경한다.

셋째, 낮은 자리에 앉고 서며 끝에서 수행하여 남보다 높은 자리에 앉아서 잘난 척하지 말라.

넷째, 음식을 먹을 때나 물건을 나눌 때 좋은 것은 남에게 주고 나쁜 것만 자기가 가진다.

다섯째, 언제나 고되고 천한 일은 자기가 한다.

성철 스님은 이렇게 한없이 겸허한 산승으로서 일생을 보낸 분이었지만, 수행하는 스님들에게는 무서운 스승이었다. 그래서 스님에게는 '가야산의 호랑이'라는 별명이 붙기도 했다. 공부를 게을리하거나 돈이나 물건을 낭비하는 스님을 보면 "이 쪼다 같은 시주 도둑놈아!"라고 야단치며 바른길로 인도하였다.

잘난 척하는 교만이 개성으로 여겨지는 오늘날, 스님의 겸허한 인간 존중은 더욱 소중한 가르침이 아닐 수 없다.

불공은 부처님께 공양 올리고 복을 비는 의식이다. 원래는 부처님의 가르침에 대한 존경을 나타내는 의식이었지만 점차 개인적인 복을 비는 행위로 변질되었다. 성철 스님은 불공에 대해 매우 독특한 생각을 가지고 있었다. 스님은 불공을 꼭 절에 와서 하는 것이라고 말하지 않았다. 스님이 김용사에 계실 때 신도들에게 다음과 같이 법문을 하였다.

"집집마다 부처님이 계시니 부모님입니다.
내 집안에 계시는 부모님을 잘 모시는 것이

불공입니다.

거리마다 부처님이 계시니 가난하고 약한 사람들
입니다.

이들을 잘 받드는 것이 참된 불공입니다.

발 밑에 기는 벌레가 부처님입니다.

보잘것없어 보이는 벌레들을 잘 보살피는 것이
불공입니다.

머리 위에 나는 새가 부처님입니다.

날아다니는 생명들을 잘 보호하는 것이

참 불공입니다

넓고 넓은 우주, 한없는 천지의 모든 것이

다 부처님입니다

수없이 많은 이 부처님께 정성을 다하여

섬기는 것이 참 불공입니다

이리 가도 부처님 저리 가도 부처님, 부처님을

아무리 피하려고 하여도 피할 수가 없으니

불공의 대상은 무궁무진하여

미래겁未來劫이 다하도록 불공을 하여도 끝이 없
습니다

이렇듯 한량없는 부처님을 모시고 항상

불공을 하며 살 수 있는 우리는 행복합니다

법당에 계시는 부처님께 한없는 공양구를 올리고
불공하는 것보다

곳곳에 계시는 부처님들을 잘 모시고 섬기는 것이
억천만 배 비유할 수 없이 더 복이 많다고
석가세존은 가르쳤습니다

이것이 불보살佛菩薩의 큰 서원이며 불교의 근본
입니다

우리 모두 이렇듯 거룩한 법을 가르쳐 주신 석가
세존께 깊이 감사하며 항상 불공으로 생활합시
다."

이런 법문이 계속되자 경남 종무원, 서울 총무원
등에서는 회의를 열고 스님께 항의단을 보냈다.

"우리 스님들은 다 굶어 죽으라고 계속 그런 법
문을 하시는 겁니까? 제발 그런 법문은 그만해 주
십시오."

항의하러 온 스님들은 은근히 협박하는 듯 위
협적인 태도까지 보였다. 스님은 노기 띤 음성으로
당당히 말했다.

"지금 스님들 뜻대로 하자면 부처님께서 영험
하고 도력 있으니 누구든지 돈만 많이 갖다 놓으면

갓다 놓을수록 복 많이 받는다고, 절에 돈벌이 많이 되는 말만 하면서 자꾸 절 선전만 할까? 당신이 천 년 만 년 살 것 같아? 언제 죽어도 죽는 것은 꼭 같아. 부처님 말씀 전하다 설사 맞아 죽는다고 한들 무엇이 원통할까? 그건 영광이지. 천하에 어떤 사람이 무슨 소리를 하더라도 나는 부처님의 말씀을 그대로 전한 것일 뿐 딴소리는 할 수 없으니 그런 걱정 말고 당신들이나 잘하시오."

법당에 계시는 부처님보다 일체 중생들에게 베푸는 일상의 작은 친절이 훌륭한 불공이라고 하신 말씀은 개인적인 복을 비는 불공밖에 할 줄 모르는 신도들에게 많은 혼란을 주었다. 또 성철 스님의 말씀을 그대로 실천하는 신도들이 많아지자 스님들은 절에 들어오는 불공 수입이 줄어들까봐 전전긍긍한 나머지 스님에게 항의단을 보냈던 것이다. 그러나 스님은 중생에게 헌신하는 행위야말로 진정한 불공이라는 가르침을 굽히지 않았다.

우리는 남에게 무엇을 베풀거나 사소한 배려조차 할 줄 모른다. 그러면서도 자신의 행운이나 복을 위해서는 절이나 교회에 나가 불공하고 헌금하는 것이다. 사회에 아무런 봉사나 헌신도 없이 사회를 이용하려고만 하고, 무엇이든 한없이 소유하려고만 할 뿐 자신이 가진 것을 나누는 일을 할 줄 모르는 사람은 아무리 절이나 교회에 나가서 기도하고 불공을 한다고 하더라도 고통받은 이웃을 외면한 왜곡된 공덕주의의 신자일 뿐이다. 불교의 사회적 역할을 명확하게 제시한 성철 스님의 불공 정신이야말로 모든 불교인들이 받들고 실천해야 할 불교의 기본 덕목인 것이다.

항간에는 해인사에만 머물고 세간에 내려와 가르침을 베풀지 않는 스님의 은둔생활을 개인주의라고 비난하는 사람들도 있었다. "스님이 한 번만이라도 서울에 오셔서 가르침을 펴시면 불교를 믿는 신도들이 엄청나게 늘어날 텐데" 하고 불평하는 스님들도 있었다.

언제인가 학생 시절부터 스님의 가르침을 받던 서울대의 한 철학 교수가 스님을 찾아와서 가르침을 받은 뒤 물었다.

"역대 다른 종정 스님들은 늘 서울에 계시면서 종단 일을 보시고 가르침을 펴셨는데, 스님은 종정이 되신 후에 한번도 세상에 나와 가르침을 펴시지 않았습니다. 산중에 계시는 것도 좋지만 내려오

서서 욕심 많은 서울 중생들에게 야단도 좀 치시고 그러셔야지요. 저희들 중에는 '스님이 철저한 개인주의자가 아닌가'라고 불평하는 사람들도 많습니다."

스님은 빙긋 웃으면서 말했다.

"그래, 자네들 눈에는 내가 개인주의자로 보여? 내가 보기에는 자네들이야말로 개인주의자들이네."

"어째서 그렇습니까? 저희들은 사회에 살면서 부모형제를 돌보고 학생들을 가르치고 있는데 어째서 개인주의자라고 하십니까?"

"이 사람아, 그게 아니야. 내가 한 가지 물어보겠는데, 자네는 지금까지 살아오면서 다른 사람을 내 부모, 내 처자처럼 평등하게 돕겠다는 생각을 한 번이라도 해본 적이 있는지 양심대로 말해보게."

교수는 겸연쩍은 듯이 고개를 숙이면서 대답했다.

"참으로 순수하게 남을 위해 일해 본 적은 없는 것 같습니다."

"그렇지. 나는 이 산중에서 구름을 벗삼아 살지만 사람들 걱정만 하고 있네. 스님들이 부모 형제 버리고 떠난 것은 작은 가족을 버리고 온 세상을 가족으로 삼기 위한 것이야. 내 부모 내 형제, 이것은 작은 가족이야. 이것을 버리고 떠나는 그 목적이 어디에 있느냐 하면 모든 중생을 평등하게 보기 위해서야. 그러니까 남이야 어떻게 되어도 상관없고 자기 가족밖에 모르는 욕심의 쇠사슬에 묶여서 사는 사람들이 무슨 큰 생각을 하겠어. 큰 가족을 위해서 사는 것이 불교의 근간이야. 불교는 대가족주의지. 내 부모 내 처자 외에는 한번도 생각해 본적이 없다는 자네야말로 철저한 개인주의자가 아닌가?"

"스님, 너무 스님의 입장에서 하시는 일방적인 말씀인 것 같습니다."

"아니야. '남을 위해 살라'는 이 말은 내가 만들어 낸 말이 아니야. 자네도 불교를 공부했으니 잘 알고 있겠지. 자네는 여기 해인사에 있는 팔만대장경의 내용을 한마디로 무엇이라고 하겠나. '마음을 깨우치고, 남을 위해서 살라'는 것, 그것이 바로 보시야. 자네도 이제 그만큼 공부하고 출세했으니 더 늦기 전에 마음을 열고 보시 좀 하면서 그동안 세상에 진 빚도 갚아야지. 이 늙은이한테만 개인주의자라고 하지 말고."

자신의 이기심을 깨닫지 못하고 좁은 생각으로 스님의 은둔만을 불평하던 교수는 작은 목소리로 대답할 수밖에 없었다.

"네, 스님. 노력하겠습니다."

훗날 그 교수는 사람들이 많이 모인 어느 자리에서 "나직한 말씀이었으나 벼락치는 듯 자신을 야단치시는 스님의 말씀을 듣고 모골이 송연했다"고 회상하며 그런 큰스승을 자주 찾아뵙고 가르침을 받지 못한 것을 아쉬워했다.

그랬다. 스님이 남기신 빈 자리는 너무나 컸고, 누구에게나 아쉬운 자취로 크게 남아 있었다.

아, 아! 스님이 가신 이제는 이 모든 스님의 일화가 돌이킬 수 없는 추억이 되고 말았다. 그러나 스님의 숱한 일화는 지금도 눈에 보이지 않는 바람이 진리가 되어 사람들의 마음을 흔들어 울리고 웃기는 것이다.

영원한 자유의 길

스님의 나이 여든 살 되는 1991년, 조계종 제8대 종정에 다시 추대되었다. 여든 살이라는 노령에도 불구하고 스님의 엄격한 수행과 가르침은 끝이 없었다. 그리고 사바에서 그토록 각고 분투하시던 80년의 그림자를 서서히 거두기 시작하였다.

1992년의 어느 봄날, 스님은 평생 자신을 따르며 수행하던 해인사의 원로 스님들을 백련암으로 불렀다. 스님의 뒤를 이어 해인총림의 방장으로 추대된 혜암 스님, 조계종의 계율을 총괄하는 일타 스님, 1947년 봉암사 결사 당시부터 스님을 모시던 해인사 주지 법전 스님이 스님과 자리를 함께 했다.

"이제는 내가 오라고 부를 때까지 오지 마. 그 소리하려고 불렀어. 이제 그만 가봐."

그 말씀뿐이었다. 스스로 입적할 시기가 다가옴을 예감한 것이었을까. 그리고 스님은 자신이 틈틈이 적어 놓은 가르침을 제자 원택 스님에게 건네주었다. 스님의 제자들은 그 원고를 『선림고경총서』와 『성철스님 법어집』이라는 이름을 붙여 책으로 펴냈다.

『선림고경총서』는 모두 37권으로 중국, 한국의 여러 선승들이 남긴 법어집을 한글로 번역한 책이며, 『성철스님 법어집』은 모두 11권이다. 『백일법문』『선문정로 평석』『돈오입도요문론 강설』『신심명·증도가 강설』『영원한 자유』『자기를 바로 봅시다』『돈황본 육조단경』『본지풍광』『한국불교의 법맥』 등 법어집에는 일생을 자기 수행과 불교 탐구에 바친 스님의 깨달음이 오롯이 담겨 있다. 이 책들은 모두 도서출판 장경각에서 완간되었다. 그때가 1993년 9월 21일이었다.

언제인가 수필을 쓰는 법정 스님은 말한 적이

있다.

"큰스님은 누구보다도 책을 많이 읽으신 분입니다. 제가 알기로는 20세기 들어와 현존하는 출가 스님 가운데 책을 가장 많이 읽으신 분입니다."

그토록 철저한 참선 수행 중에도 손에서 책을 놓지 않은 스님이었다. 어떤 사람들은 이론보다도 체험을 중시하는 선 수행을 하는 스님이 책을 읽으시는 것이 이상하다고 말했지만, 그런 말들은 다시 말할 필요도 없다. 왜냐하면 사람이 책을 읽는 태도에는 두 가지가 있기 때문이다. 하나는 책의 노예가 되는 것이고, 다른 하나는 책을 노예로 부리는 것이다. 문자에 얽매일 만큼 나약한 지성을 가진 사람들은 책의 노예가 된다. 그러나 누가 스님에게 나약한 지성을 가진 스님이라고 할 수 있을까. 스님은 자신의 깨달음에 입각해 문자의 세계를 여행할 뿐이다. 그리고 그 결실이 스님의 법어집으로 묶어져 세상에 전달된 것이다. 지금 『선림고경총서』와 『성철스님 법어집』은 현대 한국불교의 사상적 척도가 되는 정신적 자산으로 평가받고 있다. 한 사람의 거인이 남긴 유산은 그렇게 값진 것이었다.

1993년 11월 4일, 간밤의 깊은 잠에서 깨어난

국민들은 아침 신문을 받아들고 깜짝 놀랐다. 여러 신문의 사회면에는 "한국불교의 큰별이 떨어졌다", "각별한 어린이 사랑", "한국불교의 마지막 거인", "멀어져도 큰산"이라는 머릿기사가 주먹만큼 큰 활자로 찍혀 있었기 때문이다.

스님은 그날 새벽, 제자들을 퇴설당으로 불렀다. 퇴설당은 마음 닦는 공부를 하던 그가 해인사를 처음 찾던 날 동산 스님을 만난 곳이고, 세속의 인연을 완전히 끊고 출가를 감행하기 위해 삭발한 곳이기도 했다. 그리고 이제 깨달음의 회랑을 조용히 걸어서 떠나는 장소가 된 것이다. 스님은 제자들에게 부처님의 가르침대로 세상을 살아갈 것을 당부하고 말했다.

"때가 되었구나."

붓을 가져 오게 했다. 그리고 일필휘지로 열반송을 써 내려갔다.

일생동안 남녀의 무리를 속여서
하늘에 넘치는 악업은 수미산을 지나친다
산 채로 무간지옥에 떨어져서
그 한이 만 갈래나 되는지라

216

둥근 한 수레바퀴 붉음을 내뿜으며

푸른 산에 걸렸도다

오전 7시 30분. 우리가 성철 스님이라고 불렀던 위
대한 수도자는 세수 82세, 법랍 58세의 삶을 마치
고 그분이 늘 응시하던 불생불멸의 풍광 속으로 고
요히 걸어 들어갔다.

스님이 세상을 떠나면서 남긴 열반의 노래가 각
언론과 신문에 보도되자 재빠르게 말하기를 좋아
하는 사람들은 여러 가지 구구한 설명을 붙여서 이
야기했다. 그러나… 그러나 누가 말할 수 있을 것인
가? 스님의 노래는 누구도 흉내낼 수 없는 스님 자
신의 노래일 뿐이었다. 스님은 말보다 침묵을 더 사
랑하신 분이었다. 일찍이 스님의 침묵을 배웠던 사
람들은 스님께서 남기신 열반의 노래를 들으며 아
무런 말없이 뜨거운 눈물을 흘렸다. 스님은 자신의
마지막 순간까지 영롱한 가르침을 남기신 것이다.

언론을 통해서 한 시대의 위대한 스승이신 성
철 큰스님이 해인사에서 열반하셨다는 소식을 전
해들은 국민들은 깊은 한숨을 내쉬었다. 출근을 한
시민들도, 가정에서 일하던 주부들도, 학생들도 모

두 삼삼오오 안타까운 표정으로 모여서 "큰스님께서 벌써 가시다니. 아직도 어리석고 자기 욕심만 챙기는 중생들에게 베푸실 가르침이 많으실 텐데. 우리나라의 정신적 지주이신 큰스님께서 이토록 빨리 입적하시다니"라고 슬퍼했다. 불교 신자가 아닌 사람들도 "아아, 언젠가는 꼭 한 번 뵙고 싶었던 큰스님이었는데, 이제는 뵐 수가 없게 되었구나"라고 탄식하며 큰스님의 열반을 몹시 안타까워했다.

스님은 갖가지 탐욕과 싸움으로 가득찬 이 시대에 삶의 바른 가치를 실천으로 가르치신 거룩한 스승이자, 드높은 불도의 경지에 오른 20세기 최고의 선승이었다.

스님의 영결식이 거행되던 11월 10일까지 초겨울 비가 뿌리던 해인사에는 무려 40여만 명의 사람들이 스님을 추모하기 위해서 모여들었다. 가야산을 가득 물들이던 단풍잎이 고요히 떨어지던 해인사 뜨락에는 실로 다양한 사람들이 모여들어 스님을 추모하고 스님께서 내리신 삶의 가르침을 되새겼다.

수많은 어린이와 어른, 부자나 가난한 이, 정치인, 학생, 선생, 작가, 공무원, 군인, 주부, 늙어서 기력이 없는 할머니 할아버지, 모두 스님의 마지막 가시는 길을 전송하기 위해 11월의 초겨울 비를 맞으며 해인사로 해인사로 걸음을 옮겼다.

스님의 다비식이 끝난 후 110여 과의 영롱한 사리가 수습되었다. 스님의 영혼처럼 그렇게 투명하고 황금빛으로 빛나는 사리였다.

후기

이 책은 현대 한국불교를 이끌어 나간 여러 스님들 가운데 가장 장중한 일생을 살다 가신 성철 스님의 일대기이며, 동시에 어떠한 후회나 게으름 없이 자신이 택한 길을 묵묵히 걸은 한 인간의 이야기이다.

1912년에 출생하여 1993년 세수 82세로 열반하신 스님의 생애는 개인의 이기심을 극복하고 진리의 탐구를 위한 고행과 청빈의 일생이었다. 그래서 스님의 생애는 불교를 잘 공부하지 않은 분들에게도 깊은 감명을 주고 있다. 그것은 결국 위대한 한 인간에 대한 경의일는지도 모른다.

우리가 인생을 살아가자면 어버이와 스승, 친지들에게 많은 것을 배워야 한다. 그러나 어떤 경우에는 마땅히 모범으로 삼고 배울 수 있는 스승이 없을 수도 있다. 그렇다면 우리는 자기밖에 모르고 더욱 큰 인생의 길에 대해서 눈을 뜰 수가 없어서 속 좁은 인간, 큰 꿈이 없는 인간이 되기 쉽다.

따라서 누구나 위인들의 생애를 적은 전기를 읽고 '그 사람은 과연 어떤 인간이었으며, 무엇을 추구했으며, 인생의 어려움은 어떻게 극복했는가'를 깨달아야 한다.

또 어떤 경우에는 멀리 외국의 위인만 본받으려고 하면서 우리나라, 우리 시대에는 위인이 아예 없는 것으로 치부해 버리는 일도 있다. 그러나 진리가 항상 자신의 인생 속에 있는 것처럼 우리가 모범으로 삼고 배울 수 있는 위인은 항상 우리의 역사 안에 우리와 똑같은 시대를 살아가고 있는 것이다.

이와 같은 생각을 바탕으로 쓴 이 책은 성철 스님의 어린 시절과 청년기, 출가 후 스스로 고행의 길을 걸어간 과정, 그리고 "부처님 법대로 살자"라는 신념을 그대로 구현함으로써 우리 시대의 불교를 한층 빛낸 장년기, 또한 한국불교를 이끌고 지도하는 종정 스님이 되신 후의 가르침과 해인사를 스님들의 공부 도량으로 가꾸신 교육자로서의 스님, 노년에 이르러서도 젊은 날과 변함없는 수행으로 일관하신 모습을 그렸다.

여기에 스님께서 남기신 여러 가지 잊지 못한 일화들을 소개하여 준엄하신 스님의 인간적인 모습을 그려 보았다.

이 책을 읽으시는 여러분은 성철 스님의 생애를 통해서 우리 시대에 가장 준엄했던 스님, 항상 사람들을 평등과 존중의 정신으로 대하고 물질적인 욕망을 버린 한 성자의 모습을 발견할 수 있을 것이다.

1996년 6월 일지一指

성철 스님 연표

1912년	경남 산청군 묵곡리에서 부친 이상언과 모친 강상봉의 장남으로 출생
1935년(24세)	합천 해인사에서 하동산 스님을 은사로 스님이 됨. 그 후 4년간 해인사와 범어사에서 참선 수행.
1940년(29세)	경북 동화사에서 수행 중 부처님의 가르침을 크게 깨달음. 금강산 마하연 등에서 3년간 수행.
1942년(31세)	충남 서산군 간월암에서 2년간 수행.
1944년(33세)	경북 문경 대승사 등에서 3년간 수행.
1947년(36세)	경북 문경 봉암사에서 "부처님 법답게 살자"라는 기치 아래, 청담, 우봉, 보문, 향곡, 자운, 월산, 혜암, 성수, 법전, 도우 스님 등과 함께 4년간 수행. 이때 모인 스님들이 훗날 한국불교를 이끈 지도자가 됨.

1951년(40세)	경남 통영 천제굴에서 4년간 수행.
1955년(44세)	불교정화운동 이후, 초대 해인사 주지에 선출되었으나 거절. 이후 파계사 성전암에서 10년간 두문불출하며 수행.
1965년(54세)	경북 문경 김용사에서 수행.
1966년(55세)	경안 합천 해인사 백련암에 머물기 시작. 해인사를 해인총림으로 만들고 후학들을 지도하기 시작.
1967년(56세)	해인총림의 초대 방장으로 취임.
1971년(60세)	해인총림의 제3대 방장에 재취임.
1981년(70세)	조계종 제7대 종정에 추대됨. 해인총림 제4대 방장에 재취임.
1991년(80세)	조계종 제8대 종종에 재추대됨. 해인총림 제5대 방장에 재취임.
1993년(82세)	11월 4일 해인사 백련암에서 입적. 법랍 58세.